HERAUSGEGEBEN VON
ELKE UND DIETER LOSSKARN

SKANDINAVIEN
EDITION UNTERWEGS

MOTORRAD
Europas größte Motorradzeitschrift

SKANDINAVIEN

EDITION UNTERWEGS

Mit dem Motorrad durch
Dänemark, Schweden,
Finnland und Norwegen
Von Josef Seitz

Motor
buch
Verlag

IMPRESSUM

Herausgeber: Elke und Dieter Loßkarn
Konzeption und Einbandgestaltung: Elke Loßkarn
Texte und Fotos: Josef Seitz
Redaktion: Dieter Loßkarn
Karten: Elke Loßkarn/Mairs Geografischer Verlag

Für die Angaben zu den Hotels können wir keine Gewähr übernehmen. Wenn sich etwas geändert hat, oder falls Sie neue, motorradfreundliche Gasthöfe auf ihren Skandinavien-Touren entdecken, schreiben Sie uns bitte. Wir lassen Sie dann in der nächsten Auflage zu Wort kommen.

Auch die Preise und Fahrpläne der Fähren können sich geringfügig ändern. Die genauen Kosten sind ab März des jeweiligen Reisejahres unter den angegebenen Telefonnummern zu erfragen.

ISBN 3-613- 01628-1

1. Auflage 1994

Copyright © by Motorbuch Verlag,
Postfach 103743, 70032 Stuttgart.
Ein Unternehmen der Paul Pietsch-Verlage GmbH & Co.
Sämtliche Rechte der Speicherung, Vervielfältigung und
Verbreitung sind vorbehalten.
Satz: Alber Fotosatz GmbH, 74385 Pleidelsheim.
Druck: Maisch & Queck, 70839 Gerlingen.
Bindung: E. Riethmüller, 70176 Stuttgart.
Printed in Germany.

INHALT

NORDLUST

Arbeitsstreß, Hektik, Verkehrschaos und zu viele Leute sind Zustände, denen Motorradfahrer wenigstens im Urlaub zu entrinnen sucht. Wer hat da noch nicht davon geträumt, einfach alles hinter sich zu lassen, abzuschalten, auszusteigen und für ein paar Wochen einfach von der Bildfläche zu verschwinden.

Irgendwohin, wo einen keiner nervt. Es muß ja nicht gleich Kanada sein, auch in Europa gibt es noch genügend stille Örtchen – und die sind im Norden besonders reizvoll.

Gut, auch Skandinavien wurde in den letzten Jahren vom Tourismus entdeckt, trotzdem gibt es zum Norden keine Alternative, zumindest für Leute, die einen Schuß Wikingerblut in den Adern haben. Und die kommen bei diesen Nord-Touren voll auf ihre Kosten.

Da ist zunächst der sanfte Übergang nach Süd-Schweden, ein Hauch von Mittelmeer im Land der Elche. Dann folgt Stockholm, die Stadt des Lichts, das Venedig des Nordens, zusammen mit Helsinki für die nächsten Wochen die letzte Möglichkeit, garantiert smogfreie Großstadtluft zu inhalieren. Was danach viel leicht selbst die unüberschaubaren Wald- und Seenlandschaften Finnlands nicht ganz vermögen, nämlich das letzte Quentchen Unruhe zu vertreiben, schafft mit Sicherheit die finnische Sauna. So geläutert, zeigt sich Norwegen als wahres Juwel Skandinaviens.

Traumhafte Fjordlandschaften und verwegene Bergwelten, Wale vor Vesterålen und Sonnenschein um Mitternacht, und vor allem eines, Motorradfahren nach Herzenslust.

Die genannten Länder können untereinander zu einer Mammut-Tour verbunden werden. Aber Vorsicht, es heißt, wer einmal in Skandinavien war, der fährt auf alle Fälle wieder hin.

Viel Spaß im hohen Norden wünscht

Josef Seitz
Krumbach, im Herbst 1994

7

AUF EINEN BLICK

Übernachtungspreise ändern sich schnell, außerdem variieren sie von Saison zu Saison. Deshalb geben wir im Buch nur Preiskategorien an. Bei der Reservierung können Sie dann nach den genauen Kosten pro Person fragen.

Preiskategorien (Übernachtung pro Person im Doppelzimmer):

●   bis   35 Mark
●●   36 –   60 Mark
●●●   61 –   75 Mark
●●●●   76 –   90 Mark

Jedes Kapitel besteht aus einer Geschichte, der eine Karte mit der gefahrenen Route folgt. In der Karte sind die motorradfreundlichen Übernachtungsmöglichkeiten mit einem Bett-Symbol gekennzeichnet. Im Anschluß an die Routenskizze folgen die Adressen und Preiskate gorien dieser Gasthöfe, sowie weitere wichtige Informationen.

Folgende Symbole werden in den Karten und Info-Teilen verwendet:

Karten		Veranstaltung
Route		Aktivitäten
Anreise		Extra-Tip
Fähre		Motorrad-Museen
Flug		Tanken
Übernachten		Werkstatt
Gastronomie		Maut
Reisezeit		Organisierte Touren
Enduro		Literatur
Sehenswert		Adressen
Naturpark		Telefon

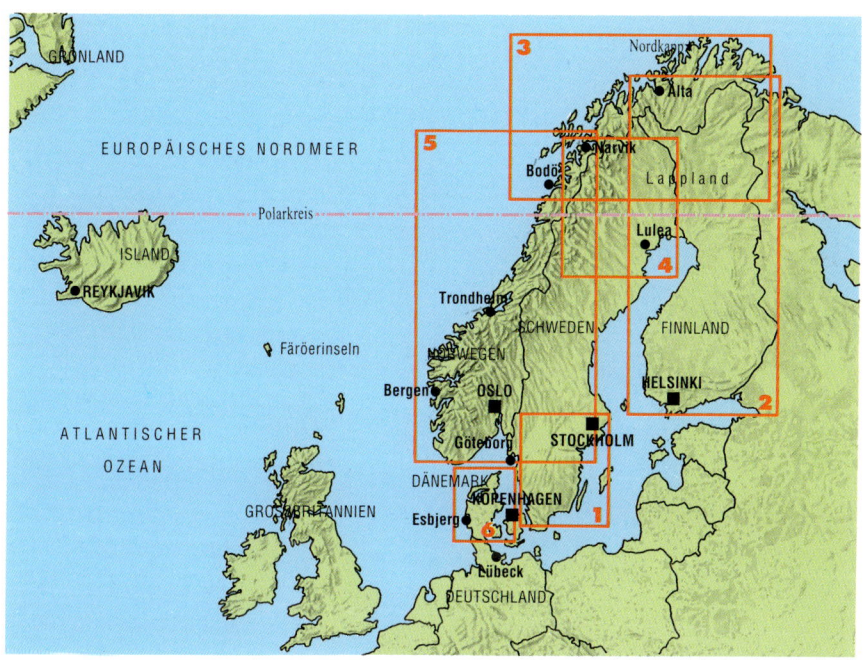

1 Süd-Schweden/Stockholm   **4** Nord-Schweden

2 Finnland   **5** Süd-Norwegen

3 Nord-Norwegen   **6** Dänemark

STILLER GENUSS

Der Süden Schwedens, lieblich und aufgeräumt, ist etwas
für die stillen Genießer unter den Motorradfahrern.
Und Stockholm die letzte Gelegenheit, auf dem Weg
nach Norden Großstadtluft zu schnuppern.

Idyllisch: Landstraße bei Vimmerby

Das Wetter ist ganz anders, als ich es mir vorgestellt habe. Fast tausend Kilometer deutsche Autobahn im Dauerregen und jetzt scheint hier die Sonne. Im schwedischen Trelleborg spuckt mich die Fähre an Land. Vielleicht machen ein paar Palmen halt doch einen Sommer. Entlang der Hafenstraße haben die Trelleborger in übergroßen Betonkübeln die Zeichen des Südens auf den grünen Randstreifen gesetzt. Noch besser hätten sie zu Smygehamn gepaßt, denn das ist, einige Kilometer weiter östlich gelegen, der südlichste Ort Schwedens. Sogar der Tante-Emma-Laden weist mit großen Lettern auf diesen Superlativ hin und der kleine Hafen verbreitet vor dem Hintergrund eines strahlend blauen Himmels südländisches Flair. Aber die von weißen und roten Rosenbüschen umrankte Kaffee-Stuga hat noch geschlossen. Ich fahre weiter.

»Das Geheimnis mächtiger Runen habe ich hier versteckt. Der, der dieser Gedenktafel Schaden antut, wird von einem ewigen Fluch verfolgt werden. Ein heimtückischer Tod wird ihn heimsuchen. Ich sehe Verderben voraus«. Das besagt angeblich das eingeritzte Graffiti auf dem Björketorpsstein, einer bei Ronneby aufgestellten Felsplatte aus dem achten Jahrhundert. Ich schwöre, ich habe nicht im geringsten daran gedacht, dem Ding etwas anzutun. Trotzdem, ich bin gerade bei dem Runenstein angekommen, verdunkelt sich der Himmel, gleich darauf trommelt ein kräftiger Regen auf die Erde. Höchste Zeit, einen Platz für das Zelt zu suchen. Ob's hier nachts wohl spukt? Wer weiß, ich fahre lieber noch ein Stück durch die dichten Wälder, biege mal links und mal rechts ab, wie es mir gerade in den Sinn kommt, bis sich am Straßenrand eine kleine Lichtung auftut. Der Regen läßt mich das Zelt in Rekordzeit aufbauen und er ist auch der Grund, warum die Küche kalt bleibt.

Geheimnisvoll:
Runenstein von Ronneby

Fleißig: Geschichtsstunde im Marine-Museum Karlskrona

Als ich am nächsten Morgen in Karlskrona eintreffe, regnet es noch immer. Was paßt da besser, als in das Marinemuseum zu flüchten. Von überdimensionalen Gallionsfiguren über zerschlissene Blechteller alter Seebären bis zu antiken Enterwaffen, Musketen und allerlei Seeminen und Torpedos reicht das Sammelsurium, für das ich mich heute ganz besonders interessiere, um nicht gleich wieder in's Nasse raus zu müssen. Zur Krönung des Ganzen kann ich durch das Periskop eines U-Bootes über die Dächer von Karlskrona schauen. Doch genug der Seefahrt, es lebe die Regenkombi, ich will Motorradfahren.

Die kleinsten Straßen durch die Wälder nördlich von Karlskrona sind genau das, was ich gesucht habe. Die geschotterten, kurvigen Waldwege fordern aber mehr Zeit als gedacht, und so ist es schon spät, als ich in einem herrlich kitschigen Sonnenuntergang über Europas längste Brücke die Insel Öland erreiche. Von Küste zu Küste sind es nur wenige Kilometer, und an der anderen Seite hat die Ostsee sogar einen schmalen Streifen

DER SÜDLICHSTE ORT SCHWEDENS VERBREITET EHER SÜDEUROPÄISCHES ALS NORDISCHES FLAIR

13

Sandstrand hinterlassen. Ein zerbrochenes Schiffswrack modert am Ufer vor sich hin und in einem kleinen Hafen ohne Dorf wiegen sich ein paar Fischerboote im Takt der Wellen. Neben farbenprächtigen Briefkastenreihen, die in Reih und Glied vor einem weißen Holzzaun stehen, liegt in einem kleinen selbstgezimmerten Verkaufsstand Obst und Gemüse. Verkäufer ist keiner da. Eine Preisliste, eine Kasse und eine Waage zur Selbstbedienung zeugen von Vertrauen in die Ehrlichkeit der vorbeikommenden Kundschaft.

Im Norden Ölands herrscht ausgeprägter Massentourismus, hier im Süden ist ruhiges Bau-

Einsam: Schotterstrecke im Abseits

ernland. Von den einst 2000 hölzernen Windmühlen stecken immer noch etwa 400 ihre Flügel in den Wind. Gebraucht werden sie nicht mehr. Der Lauf der Dinge hat sie zu Zeugen vergangener Zeiten degradiert. In Eketorpsborg ist diese Vergangenheit am anschaulichsten zu begreifen. Dort hat man die Reste einer Fluchtburg restauriert, in der sich schon im fünften Jahrhundert das Volk verschanzte, wenn »Touristen« mit unfreundlicher Gesinnung auf der Insel landeten. Von 1964 bis 1973 wurden von den Archäologen rund 24000 Gegenstände ausgegraben. Allein die Knochen wogen drei Tonnen.

15

Gigantisch: 900 Jahre alte Eiche in Ardala

SÜDSCHWEDEN / STOCKHOLM

Von Vena nach Björksebo führt eine für schwedische Verhältnisse regelrechte Rennstrecke. Zehn Kurven am Stück lassen ein paar flotte Schwünge zu. Und just an der letzten Kurve steht ein rotäugiger Kirschbaum. Die untersten Zweige sind schon leergeklaut, so muß die Kawasaki als Leiter herhalten, um an die süßen Früchte zu gelangen. Was ein guter Seitenständer doch alles aushält. Hoffentlich bin ich genauso stabil und halte den Besitzer des Vitaminständers aus. Der radelt nämlich soeben heran und macht nicht gerade das fröhlichste Gesicht. Aber nicht meinetwegen, wie sich herausstellt. Das Rad-

Kurvig: Waldstrecke bei Ö-Ryd

fahren halt, und dann auch noch ein Berg. Er spricht deutsch, und ehe ich mich versehe, ist bei saftigen Kirschen und fröhlichem Tratsch ein Stündchen verflossen und ich bin ausführlich über zu hohe Zuzahlungen für Medikamente bis zur Inflationsrate der schwedischen Krone informiert. Aber trotz allen Polit-

Gassi-Fahren: Schwedische Hunde haben es gut

Gejammers, letztendlich ist mein Gastgeber halt doch ein richtiger Schwede. Er strahlt über das ganze Gesicht, als er erzählt, wie er den Garten mäht, das Haus streicht, die Rosen schneidet und seine Katze streichelt. Komme was wolle, hier würde er niemals weggehen. Der Mensch braucht ein gewisses Maß an Einsamkeit, und der Schwede braucht halt doppelt so viel. Und außerdem sei einer seiner Vorfahren mit denen von Astrid Lindgren verwandt, die bekanntlich Pippi Langstrumpf in die Welt gesetzt hat. Ihr Geburtshaus steht nur wenige Kilometer weiter in Vimmerby. Für treue Fans ist das natürlich ein Wallfahrtsort. Ihre Geschichten sind ein schwedischer Exportschlager. Sie wurden inzwischen

DER REGEN LÄSST MICH DAS ZELT IN REKORDZEIT AUFBAUEN, DIE KÜCKE BLEIBT KALT

von Afrikaans über Plattdeutsch bis Zulu in 61 Sprachen übersetzt.

Die »134« von Kisa nach Atvidaberg schlängelt sich wohlgerundet über kiefernbewachsene Hügel und biegt sich um glitzernde Seen, an deren Ufern die Farbtupfer kleiner Ruderboote zwischen dem Schilf hervorleuchten. Nach den Straßen Südschwedens, die mich nicht gerade vor Begeisterung von der Sitzbank gerissen haben, sind diese Kurven Balsam für Leib und Seele. Das ist, wie wenn nach einer Woche Regen mal wieder die Sonne scheint.

EIN ZERBROCHENES SCHIFFSWRACK MODERT AM UFER VOR SICH HIN

Zwischendurch bekomme ich zur Abwechslung auch mal zwanzig Kilometer Schotter unter die Stollen. Die in traditionellem Rotbraun und manchmal sogar in leuchtendem Gelb gestrichenen Holzhütten, die oft an den einsamsten Stellen im Wald auftauchen, verdienen eher die Bezeichnung Villa. Sie zu hegen und zu pflegen ist ein schwedischer Volkssport, denn selbst in den einsamsten Waldwinkeln sitzt einer mit Pinsel und Farbe vor dem Gartenzaun, ohne sich vom Knattern der Enduro auch nur im geringsten ablenken zu lassen. Der Rasen ist golfplatzverdächtig und über der blitzenden Veranda weht die Nationalflagge. Es gibt Leute, die be-

VON VENA NACH BJÖRKSEBO FÜHRT EINE REGELRECHTE RENNSTRECKE: ZEHN KURVEN AM STÜCK

haupten, der Schwede sei nur deswegen so pingelig, um dem Nachbarn nicht den Blick auf einen ungepflegten Rasen zuzumuten. Dabei wohnt der meist soweit entfernt, daß nicht mal sein Haus zu sehen ist.

Die Gefahr kommt von rechts, ist weiblich und hat einen Block mit Strafzetteln in der Hand. Aber entweder stehe ich nicht besonders schlimm im Halteverbot, oder ausländischen Motorradfahrern gegenüber ist man kulant. Die Politesse schaut auf das Nummernschild und dreht ab. Das Verkehrsvergehen am Tatort Sergelstorg bleibt ungeahndet und ich beginne meine Erkundung Stockholms mit einem Spaziergang in der Fußgän-

Zwilling: Bauernhöfe nahe der Stadt Husby-Oppunda

gerzone. Die Porträtmaler, die für ein paar Kronen in Minutenschnelle jedes Gesicht aufs Papier bannen, haben Vollbeschäftigung. Eine Rockband bringt Stimmung unter's Volk, Rastalocken hüpfen im Takt, die Polizei führt einen Betrunkenen ab, und zwei Punks pinkeln provozierend an eine Wand. Da wirkt die Tür ins Kulturhuset wie eine Schleuse in die Stille. Urplötzlich bleibt das quirlige Leben hinter der Glastür zurück. Vor einer knallroten Wand stehen einige Tische mit eingelassenen Schachbrettern, über denen das Knistern vom vielen Denken schwebt, so sehr sind die Spieler in den Stellungskampf der Figuren vertieft. Ich gönne mir eine Tasse Kaffee im Panorama-Restaurant und fahre dann ganz nach unten, in die längste Kunstausstellung der Welt, die Tunnelbana, die Stockholmer U-Bahn. Schon 1955 hatte man in Stockhom entschieden, in den Stationen ein Toilettenfliesen-Ambiente zu vermeiden. Nun sitzt man nicht auf dem Topf, sondern in einer Steinzeithöhle. In rostbraunem Ton gestrichen, präsentieren sich Wände und Decken grob aus dem Fels gehauen. Sogar ein paar Riesenschuhe sind an die Decke modelliert. Glücksschuhe vom Handwerker, steht auf einer Steintafel. Doch, genauer besehen, sind es zwei linke. Soll heißen, Glück gibt's nicht beim Handwerker, das muß man selbst in die Hand nehmen. Einige Meter könnte man meinen, ein in der Erde versunkener mittelalterlicher Stützpfeiler wäre bei den Bauarbeiten freigelegt worden. Unweit davon entfernt ragt eine ganze Hauswand schief

Originell:
schwedische Telefonzelle

Ganz Ohr: Kunst in der Stockholmer U-Bahn

aus der Wand ragt, hier ist im Putz ein riesiges Ohr geformt, dort wuchert ein gemalter Dschungel über die Wand. Hier unten versäumt man gern eine Bahn, es gibt genug zu sehen.

Wer in Gamla Stan, Stockholms Altstadt, in die Unterwelt abtaucht und hinaus zum Globen fährt – laut Werbung »Stockholms mest spannande Stadsdel« – überspringt einige Jahrhunderte. Der Globen ist die größte halbkugelförmige Halle der Welt, eingerahmt von supermoderner Architektur aus Stahl, Glas und Beton. Einige knallige Farbstreifen sollen die kühle Atmosphäre etwas auffrischen, aber der sterile Touch von Raumfahrtzeitalter läßt sich dadurch nicht mindern. Zurück in Gamla Stan dreht sich alles wieder. Ich befinde mich wieder in einem beschaulicheren Zeitalter. Gerade führt die Wache am Schloß ihre tägliche Modenschau vor. Wirklich fein haben sich die Jungs herausgeputzt. An den blauen Uniformen und den silberglänzenden Helmen mit dem neckischen Spitz hätte selbst der alte Fritz seine Freude gehabt. Aus der Wachablösung machen sie ein Riesenspektakel. Die Hofkapelle haut auf die Pauke, daß man Angst um den Putz an den Schloßwänden ha-

DER MENSCH BRAUCHT EIN GEWISSES MASS AN EINSAMKEIT, UND DER SCHWEDE BRAUCHT HALT DOPPELT SO VIEL

Pittoresk: Abendstimmung über der Stockholmer Altstadt

ben muß, weiße Gamaschen stampfen im rhythmischen Gleichschritt über das Pflaster. Zackige Befehle hallen durch's Karree, mit Gewehren wird herumgefuchtelt und Fahnen werden geschwenkt. Und mitten drin steht in aller Ruhe das Maskottchen, ein wohlbehörnter Widder.

Am Freitagabend gehört Gamla Stan den Touristen, die Gegend um den Sergelstorg dafür der schwedischen Jugend. Hatte ich mich um 23 Uhr noch gewundert, daß alle so vernünftig nüchtern sind, ist mein Weltbild eine Stunde später wieder in Ordnung. So mancher nächtliche Wanderer zeugt von schwe-

pastellfarbenen Hauswänden und dem abgewetzten Straßenpflaster wird die Nacht zur unwirklichen Kulisse. Restaurants fügen sich in das Bild, als hätte sich seit Jahrhunderten nichts verändert. Ich wette, bei einigen der Futterkrippen in der Altstadt ist das auch so. Bevor ich meinen Finanzpegel kontrollieren kann, sitze ich schon an einem Tisch, habe ein Glas Bier vor der Nase und dazu ein Wagenrad von Pizza. Das läuft zwar nicht unter dem Begriff nordische Küche, aber in Stockholm ist das keinesfalls Stilbruch. Die Stadt wird gern mit dem Beinamen »Venedig des Nordens« bedacht. Und was die Pizza betrifft, hat Venedig Nord soeben Venedig Süd deutlich geschlagen. Aber auch sonst ist die Bezeichnung nicht ganz verkehrt, 24 000 Inseln sollen insgesamt zum Stadtgebiet gehören. Auf den vierzehn größten steht die Stadt. Da ist der Schiffsverkehr so wichtig wie die Straße.

Und die Tradition wird hochgehalten. Zeitsprung: Kai und Werft sind voller Menschen, die ihr bestes Wams zur Schau stellen. Schwere Fahnen und stolze Reden werden geschwungen. So mancher kriegt den Mund vor lauter Staunen nicht mehr zu, und einige Frauen haben ihr weißes Spitzentüchlein naßge-

PIPPI LANGSTRUMPF WURDE VON AFRIKAANS ÜBER PLATTDEUTSCH BIS ZULU IN 61 SPRACHEN ÜBERSETZT

FÜR EIN PAAR KRONEN VEREWIGEN DIE PORTRÄTMALER JEDES GESICHT AUF PAPIER

rem Seegang, und irgendein Verrückter treibt seine Zweitaktschüssel im fünfstelligen Drehzahlbereich die Straße rauf und runter. In Stockholm gibt es zwar keine Mitternachtssonne, aber der Himmel behält auch jetzt, Mitte Juli, um Mitternacht ein tiefes Blau. Zusammen mit den alten Straßenlampen, den

25

Historisch: Gasse in der Stockholmer Altstadt

heult, weil ihre Männer mit dem riesigen Kriegsschiff auf große Fahrt gehen. Aber der Stapellauf soll ganz anders enden. Es sind noch nicht mal alle Segel gesetzt, als eine leichte Bö das gewaltige Schiff, an dem knapp drei Jahre gebaut wurde, noch im Hafen gurgelnd in den Fluten versinken läßt. So etwa könnte es gewesen sein, als im Jahre 1628 die Vasa, die der Stolz der königlich schwedischen Marine hätte werden sollen, ihr kriegerisches Dasein nach wenigen Minuten als Unterseeboot beendete. Über dreihundert Jahre blieb die Vasa vergessen, bis der Ingenieur Anders Franzén in Archiven auf die Beschreibung der Katastrophe stieß. Genau 333 Jahre später, 1961, wurde das 69 Meter lange Ungetüm geborgen, restauriert und konserviert. Bevor es auf der Insel Djurgarden ein eigenes Museum bekam, mußte für 14 000 Teile der richtige Platz gefunden werden. Heute hat das riesige Holzschiff Weltgeltung und ein Besuch lohnt sich auch für wasserscheue Biker. Nach einem solch anstrengenden Museumsbesuch braucht der Mensch natürlich Entspannung und Unterhaltung – ob er nun will oder nicht. Damit er seinen allzeit geplagten Geist dabei nicht übermäßig belasten muß, gibt es sogenannte

DIE STOCKHOLMER U-BAHN IST DIE LÄNGSTE KUNSTAUSSTELLUNG DER WELT

SO MANCHER NÄCHTLICHE WANDERER ZEUGT VON SCHWEREM SEEGANG

**DER SOMMER
WANDELT
DEN SCHWEDEN
VOM ELCH ZUM
PARADIES-
VOGEL**

Vergnügungsparks. Für die Stockholmer ist das Gröna Lund. Das Vergnügen ist für die Kinder, die Rechnung für die Väter. Mein Bedarf an vorgefertigtem Vergnügen läßt sich glücklicherweise befriedigen, indem ich im Aufzug auf den Tower hinauffahre und das ganze von oben betrachte. Wenn es

**Tierisch: Maskottchen
der königlichen Wache**

auch gekaufte Lust ist, so kommt hier doch das zum Ausbruch, was in Stockholm schon die ganze Zeit in der Luft lag. Gute Laune nämlich. Der Sommer macht aus Elchen Paradiesvögel. Trotz dem ganzen Geblinke und Gepfeife um mich herum scheine ich mit den Motorradklamotten aufzufallen. Ich werde mehrere Male von wildfremden Menschen angesprochen, was ich hier mache und ob es mir in Schweden gefalle. Und ich dachte immer, die Schweden wären scheu wie Rentiere und gesprächig wie Runensteine.

Zweihundert Meter weiter zeigt das Freilichtmuseum Skansen Schwedens Vergangenheit in konzentrierter Form. Die ausgestellten Häuser wurden an anderer Stelle abgebaut, und hier wieder aufgestellt. Auf einem kleinen Berg ist so ein ganzes Dorf entstanden, wie es auch vor zweihundert Jahren hätte aussehen können. Und wenn man wie ich heute das Glück hat, an einem Tag zu kommen, an dem feierlich eines Poeten gedacht wird, dann erlebt man das achtzehnte Jahrhundert live. Da werden alte Spinnräder nochmal in Betrieb genommen und feine Borten geklöppelt. In der alten Bäckerei duftet es nach frischem Brot aus dem Steinofen, und sogar die Glasbläserei

Aussichtsreich: Blick vom Stadshuset

und die Buchdruckerei sind in Betrieb.

Die Fahrt auf Stockholms Antenne, den Kaknäs-Turm, ist der richtige Abschied. Die weiße Halbkugel des Globen leuchtet dank vorbildlichem Sonnenuntergang in abendlichem Orange zwischen den Wohnhäusern hervor. In Gamla Stan gehen die ersten Lichter an, die goldene Spitze vom Turm des Stadshuset blitzt noch ein letztes Mal auf und ein Heißluftballon wandert schwerelos über den Horizont. Eine Stadt präsentiert sich von ihrer besten Seite, eine Stadt, in der es sich leben läßt, obwohl sie so weit im Norden liegt.

29

TOUR 1

Schloß Gripsholm★

STOCKHOLM

Norrköping

134

Vättern

Östergötland

Gotland

Kisa

Vimmerby

GÖTEBORG

Småland

Öland

Kalmar

Färjestaden

SCHWEDEN

★Eketorpsborg

Karlskrona

Skåne

Kristiansand

KOPENHAGEN

OSTSEE

Ystad

Trelleborg

Rostock
Lübeck

**Gefahrene Strecke:
etwa 1200 Kilometer**

INFO SÜDSCHWEDEN / STOCKHOLM

 Karte:

RV-Verlag, 1:800 000,
Skandinavien, (Südnorwegen/Süd-
schweden/Dänemark).
Sehr detailliert ist die Karte
Südschweden (Ost) 1:250 000
von Kümmerly & Frey.

 Route:

Trelleborg – Smygehamn – Ystad –
Brösarp – Yngsjö – Åhus –
Kristianstad – Karlshamn –
Ronneby – Kallinge – Tving –

Karlskrona – Rödeby – Gullabo –
Påryd – Ljungbyholm – Kalmar –
Färjestaden – Runsten –
N.Möckleby – Stenåsa – Ås –
Kastlösa – Mörbylånga – Vickleby
– Färjestaden – Kalmar – Ålem –
Påskallavik – Århult – Kristdala –
Vena   Björksebo – Vimmerby –
Mariannelund – Rumskulla –
Solbacka – Ydrefors – Tidersrum –
Kisa – Oppeby – Åtvidaberg –
Sunnebo – Borkhult – Ö.Ryd –
V.Husby - Norrköping – Kila –
Jönåker – Stigtomta – Vrena –
Husby/Oppunda – Sparreholm –
Stjärnhov – Marietorp – Mariefred
– Schloß Gripsholm – Turinge –
Södertälje – Stockholm

Schwindelerregend: Vergnügungspark Gröna Lund

INFO SÜDSCHWEDEN / STOCKHOLM

 Anreise:

Von den Ostseehäfen Travemünde, Rostock und Saßnitz (Rügen) legen Autofähren ins südschwedische Trelleborg ab. Bei der Anfahrt aus dem Westen Deutschlands führen alle Wege nach Hamburg und von dort weiter nach Travemünde. Aus dem Osten der Republik, über Berlin, liegen Rostock und Saßnitz näher. Travemünde hat eine Autobahnverbindung über die A 1, Rostock über die A 19.

 Fähre:

Von Travemünde legen die Schiffe der TT-Line mindestens zweimal täglich, während der Hauptsaison (Mitte Juni bis Ende August) bis zu fünfmal täglich ab. Die Überfahrt nach Trelleborg dauert je nach Abfahrtszeit sieben bzw. acht Stunden. Für zwei Personen und ein Motorrad kostet während der Hauptsaison die Tagesfahrt 90 Mark, die Nachtfahrt 180 Mark. Kabinenplätze gibt's ab 40 Mark. Von Rostock legt die TR-Line dreimal täglich ab. Für zwei Personen mit einem Motorrad kostet die Tagesfahrt während der Hauptsaison 75 Mark, die Nachtfahrt 150 Mark. Die Überfahrt dauert am Tag fünf Stunden, nachts siebeneinhalb Stunden. Kabinenplätze kosten ab 30 Mark. Ebenfalls von Rostock legen die Schiffe der DFO ab. Am Montag sind zwei, an den anderen Tagen drei Abfahrten. Die Überfahrt während der Hauptsaison kostet für ein Motorrad mit ein oder zwei Personen montags bis donnerstags 50 Mark, freitags bis sonntags 75 Mark. Zweibett-Kabinen sind ab 30 Mark zu haben. Die Tagesfahrt dauert knapp sechs Stunden, die Nachtfahrt acht · Stunden. Die schnellste Überfahrt nach Trelleborg dauert dreieinhalb Stunden und startet in Saßnitz. Täglich gibt es mindestens fünf Abfahrten. Die Preise sind die selben wie mit DFO ab Rostock, so daß diese Linie nur interessant ist, wenn dadurch keine längere Anfahrt nötig wird.

 Übernachten:

Die Hotelpreise sind während der Hauptsaison (Mitte Juni bis Mitte August) bis zu 50 Prozent reduziert. Zur individuellen Planung versendet das schwedische Fremdenverkehrsamt eine handliche Hotelliste, in der alle angebotenen Ermäßigungen aufgeführt sind. Es gibt mehrere Hotelchecksysteme, die deutliche Rabatte verschaffen. Günstig ist der Bilturlogi-Paß, der einmalig etwa 65 schwedische Kronen kostet und in bestimmten Hotels Übernachtungen zwischen 160 und 250 schwedische Kronen ermöglicht. Eine kostenlose Liste dieser Bilturlogi-Hotels verschickt

BILTUR LOGI, 79370 Talberg, Schweden,
Telefon: 00 46/24 75/09 25.
Die unten angegebenen Preisklassen gelten für die reduzierten Preise.

Hotel:
●● Hotel Siesta,
S-371 31 Karlskrona,
Borgmästareg 5,
Telefon: 04 55/8 01 80.
Reduziert von 15. Juni bis 15. August. Der Bilturlogi-Paß wird akzeptiert.

●●● Kalmarsund Hotel,
S-392 32 Kalmar,
Fiskaregatan 5,
Telefon: 04 80/2 00 24.
Reduziert von 25. Juni bis 8. August. Der Bilturlogi-Paß wird akzeptiert.

●●● AB Vimmerby Stadshotell,
S-598 37 Vimmerby,
Sevedeg 39,
Telefon: 04 92/12 100.
Reduziert von 30. Juni bis 5. August und an allen Wochenenden. Der Bilturlogi-Paß wird akzeptiert.

●● Prize Hotel,
Kungsbron 1,
11122 Stockholm,
Telefon: 08/14 94 50.
Reduziert von 22. Juni bis 15. August und an allen Wochenenden. Zentrale Lage in der Stadtmitte.

Stilecht: Leben wie früher im Freilichtmuseum Skansen

Witzig: Eingang zum Tierpark auf Öland

INFO SÜDSCHWEDEN / STOCKHOLM

Jugendherbergen:

In Skandinavien gibt es keine Altersbeschränkungen für Jugendherbergen. Sie sind deshalb nicht nur bei Jugendlichen eine gern genutzte und vor allem günstige Übernachtungsmöglichkeit. Stockholm hat da eher Ausgefallenes zu bieten.

● Af Chapman,
Västra Brobänken,
11149 Stockholm,
Telefon: 08/6 79 50 15.
Diese Jugendherberge wurde in einem alten Segelschiff aus dem Jahre 1888 untergebracht, das mit traumhaftem Blick auf die Altstadt an der Insel Skepsholmen vor Anker liegt.

● Vandrarhem I ångholmen,
Box 9116, 10272 Stockholm,
Telefon: 08/84 10 96.
Für Knastis und solche, die's mal werden wollen. Die Betten befinden sich in den Zellen eines ehemaligen Gefängnisses.

Camping:

Wildzelten ist in Schweden durch ein ungeschriebenes Gesetz, das Allemansrätten oder Jedermansrecht, erlaubt. Danach darf überall dort das Zelt aufgestellt werden, wo nichts zerstört und niemand gestört wird. Das Jedermannsrecht stammt aus einer Zeit, als es noch keinen Tourismus gab

35

und sollte deshalb mit Vernunft genutzt werden, damit es auch weiterhin bestehen bleibt. Für offizielle Campingplätze wird eine Campingkarte benötigt, die auf dem ersten Platz, auf den man kommt, gekauft werden kann. Die Campinganlagen sind blitzsauber und sehr komfortabel ausgestattet. Auf den meisten Plätzen können auch Campinghütten gemietet werden. Einen nützlichen Campingführer verschickt das Schwedische Fremdenverkehrsamt. Allein auf Öland gibt es 26 Campingplätze. Einigermaßen zentral liegt:

● Krono Camping Saxnäs Öland, 38690 Färjestaden, Telefon: 04 85/3 57 00. Campinghütten, Bootsverleih, Waschmaschine.

In Stockholm:
● City Husvagnscamping, Östermalm, Fiskartorpsvägen, 11433 Stockholm, Telefon: 08/10 29 03. Nur anderthalb Kilometer von der Stadtmitte entfernt.

Bei Stockholm:
● Bredäng Camping, Stora Sällskapetsväg, 12731 Skärholmen, Telefon: 08/97 70 71. Zehn Kilometer bis zur Stadtmitte. U-Bahnstation in der Nähe.

 Gastronomie:

In Stockholm wimmelt es von Imbißbuden und diversen Fastfood-Restaurants, in denen vom Hot Dog bis zum dreistöckigen Hamburger alles mehr oder weniger der Gesundheit zuträgliche feilgeboten wird. Fast jedes Restaurant bietet von Montag bis Freitag während der Mittagszeit ein sogenanntes Dagensrätt, ein Tagesgericht an. Das ist ein komplettes Menü zu einem Preis, der deutlich unter den normalen Preisen liegt. Bei diesem Dagensrätt sind normalerweise nichtalkoholische Getränke, auch Kaffee oder Tee, enthalten. Wenn das ganze ein Buffet mit Selbstbedienung ist, dann macht das für 15 bis 20 Mark mehr als satt. Ausgesprochen günstig und in vornehmer Atmosphäre läßt sich das Dagensrätt im Stadshuskällaren verzehren, in dem auch die Nobelpreisträger nach der Preisverleihung ihr Süppchen schlürfen. Er befindet sich im Stadshuset auf Kungsholmen, Hantwerkargatan 1, Telefon: 6 50 54 54, geöffnet Montag bis Freitag, zwischen 11.30 bis 23 Uhr; samtags 14 bis 23 Uhr; sonntags geschlossen. Lunch Bufet gibt es von Mitte Juni bis Anfang August, montags bis freitags von 11 bis 16 Uhr. Für kleine Gerichte oder eine

Kaffeepause mit Panorama empfiehlt sich das Restaurant im Kulturhuset am Sergelstorg 3, geöffnet von 11 bis 17 Uhr, montags geschlossen.

Stockholms ältestes Restaurant findet sich an der Südostecke von Gamla Stan, Skeppsbron 44, Telefon: 11 83 30.

Es stammt aus dem Jahre 1421 und trägt den vertrauten Namen »Zum Franziskaner«. In stimmungsvollem Jugendstil-Ambiente bietet es typisch schwedische Gerichte zu akzeptablen Preisen.

 Reisezeit:

Anfang Juni sind die Nächte oft noch empfindlich kalt. Von Mitte Juni bis Mitte August ist Hauptreisezeit, dann gehören neben der Regenkombi eine gute Sonnencreme und ein Zelt mit Moskitonetz zur Ausrüstung.

 Sehenswert:

Von unfriedlichen Zeiten zeugt die Fluchtburg Eketorp auf Öland. Pippi Langstrumpf-Fans pilgern nach Vimmerby, zu Pippi-Mutter Astrid Lindgrens Geburtsort. In der Nähe von Vimmerby kann auch der Drehort der Michel-Filme besichtigt werden (Info im Touristbüro von Vimmerby).

In Schloß Gripsholm bei Mariefred – Tucholsky läßt grüßen – befindet sich mit fast 4000 Bildern eine der größten Porträtsammlungen Europas.

Stockholm: Einen ersten Überblick verschafft der 106 Meter hohe Turm des Stadshuset oder der Kaknästornet, der Fernsehturm, der mit 155 Meter Schwedens höchstes Bauwerk ist. Selbst Museumsmuffel müssen in's Vasamuseum, das eigens für ein fast vollständig erhaltenes und restauriertes Kriegsschiff von 1628 gebaut wurde. Gebäude und Lebensweise vergangener Zeiten werden im Freilichtmuseum Skansen lebendig. Am königlichen Schloß in Gamla Stan, der Altstadt, findet täglich der Wachwechsel statt. Stockholms U-Bahn beherbergt die längste Kunstausstellung der Welt, und der Globen ist die größte, halbkugelförmige Veranstaltungshalle der Welt. Im Vergnügungspark Gröna Lund gibt's Remmidemmi, und in der Fußgängerzone unter dem Sergelstorg Live-Musik.

 Veranstaltungen:

In Skandinavien wird auch das Neujahr des Sommers gefeiert, das Mittsommernachtsfest. Die Party steigt an dem Wochenende, welches dem 24. und 25. Juni am nächsten liegt.

Motorrad-Museum:

Ölands Motormuseum,
S-38700 Borgholm.
Geöffnet: Im Sommer täglich
ab 11.00 Uhr.

 Literatur:

Einen ersten umfassenden Eindruck
über Land und Leute ver mittelt das
Merian-Heft Schweden.
»Schweden, Fotos auf den Spuren
von Nils Holgersson« heißt ein ansprechender Bildband aus dem Art-
color Verlag für 29,80 Mark. Mit
den Sehenswürdigkeiten in der
Hauptstadt und im weiteren Um-
land beschäftigt sich Knaurs
Kulturführer »Stockholm und
Umgebung« für 34 Mark.

 Adressen:

Schweden-Werbung
für Reisen und Touristik,
Lilienstraße 19,
20095 Hamburg,
Telefon: 0 40/33 01 85;
Fax: 0 40/33 05 99.
Touristinfo und Zimmervermittlung
in Stockholm: Stockholm Sverige-
huset, Box 7542, Kungsträdgården,
S-10393 Stockholm,
Telefon: 08/7 89 24 90 und
08/7 89 24 15.

Zimmervermittlung in Stockholm:
Centralstationen,
S-11120 Stockholm,
Telefon: 08/24 08 80
Buchung der Fähren:
Deutsche Fährgesellschaft
Ostsee mbH (DFO)
Rostock – Trelleborg,
Telefon: 03 81/5 14 06 oder 5 14 07.

![Kriegsschiff Vasa]

Geborgen: Kriegsschiff Vasa

Saßnitz – Trelleborg,
Telefon: 03 83/92/2 22 67 oder
3 30 71.
TT-Line/TR-Line, Travemünde/
Rostock – Trelleborg,
Telefon: 0 30/27 58 20 14
oder 27 58 20 15 oder
0 40/3 60 14 42
oder 3 60 14 46.

 Telefon:

Von Deutschland nach Schweden:
00 46/Vorwahl, ohne die erste Zahl/
Teilnehmernummer.
Von Schweden nach Deutschland:
00 9/49/Vorwahl, ohne die erste
Zahl/Teilnehmernummer.

SAUNA UND SEEN

Finnland ist der passende Einstieg in die Droge Skandinavien.
Die endlosen Waldlandschaften, die Stille unzähliger
Seen und nicht zuletzt die allgegenwärtige Sauna, ohne die ein
finnisches Leben nicht vorstellbar ist, machen süchtig
und Lust auf mehr.

Romantisch: Sonnenuntergang bei Savonlinna

FINNLAND

FINNLAND

Kesä heißt nicht etwa Käse, nein, es ist das finnische Wort für Sommer. Der allerdings scheint dieses Jahr kein Kesä zu sein, sondern wohl doch eher Käse. Es ist zehn Grad kälter als es sein sollte, der Wind bläst aus allen Richtungen gleichzeitig, und ich bin dank andauerndem Training in der Lage, jeden Wettbewerb im Regenkombi an- und ausziehen zu gewinnen. Denn sobald nach den Waschungen die Sonne kurz rauskommt, wird es auch schon zu heiß unter der

Monumental: der Dom von Helsinki

Plastikkombi. Wenigstens einigen sich die Winde so langsam darauf, in eine gemeinsame Richtung zu blasen. Und zwar in die richtige. Kräftiger Rückenwind hilft Energiesparen. Das einzige, was jetzt noch bremst, sind die festinstallierten Radarfallen entlang der E 18. Aber die ist eh zu öde. Ich biege ab auf eine Nebenstraße, um nach Helsinki zu kommen.

Finnlands Hauptstadt hat den Tag mit einem sonnigen Morgen begonnen. Ich stelle das Motorrad am Bahnhof ab und schlendere gemächlich durch die alten Gassen. So mächtig wie der Dom über dem weiten Senatsplatz steht, so einfach ist seine Innenausstattung. Carl L. Engel, ein Berliner, ist für die stilvolle Architektur verantwortlich. Ganz anders gibt sich die Uspenski-Kathedrale, deren goldene Kuppeln von der Nähe zu Mütterchen Rußland zeugen. Wände, Säulen und Bögen sind über und über mit Ornamenten bemalt, ringsum schauen die Bildnisse von bärtigen Heiligen herab, die Schritte werden von schweren, blutroten Teppichen verschluckt, die Altarwand glänzt in Gold, und aus versteckten Lautsprechern tönt der tiefe Baß eines Männerchors. Das wirkt dramatisch und beruhigend zugleich. Das flößt Ehr-

Fischers Fritz: auf dem Flossenmarkt in Helsinki

furcht ein und läßt mich eine Weile stillsitzen. Der Touristenrummel unten bei den Esplanaden, wo frischer Fisch und selbstgebastelter Schmuck neben Bergen von Bananen und in Handarbeit hergestellten Porzellanpuppen feilgeboten werden, scheint plötzlich weit entfernt zu sein. Danach lockt wieder das Leben.

Ich fahre hinunter zum Hafen, wo sich auf einer Bühne eine Folkloretruppe zum Tanz vorbereitet. Doch just als der erste Takt ertönt, fällt auch schon wieder der erste Regentropfen. Schade, denke ich, gleich werden die Zuschauer davonlaufen. Aber nichts dergleichen geschieht. Schnellwechselnde Regen-Sonnenkombinationen scheinen zur Tagesordnung zu gehö-

ICH FÜHLE MICH FIT, JEDEN WETTBEWERB IM AN- UND AUSZIEHEN DER REGENKOMBI ZU GEWINNEN

43

FINNLAND

Amerikanische Gefühle: Highway ohne Kurven

ren. Wer keinen Regenschirm hat, der geht ein paar Schritte unter den nächsten Baum, von der Tanzveranstaltung läßt sich niemand abhalten. Ich mache noch einen Abstecher zum sehr modern gestalteten Denkmal für den Komponisten Jean Sibelius, und betrachte nach dem Besuch von zwei Museen und zwei Kirchen die kulturelle Pflicht als erfüllt. Jetzt folgt die Kür.

In dichtem Wald reiht sich Kurve an Kurve. Die Straße klettert über grüne Hügel, streift stille Seen. Hier macht Motor-

ein kurzer Schotterweg zum See ab. Ein Bootssteg führt ins Wasser, einige Hütten stehen im Uferdickicht und unter ein paar Bäumen findet sich ein guter Platz, um den Schlafsack auszurollen. Was jedoch nicht nötig ist, denn fünfzehn Minuten später rinnt mir der Schweiß in Strömen über die Haut. Eine finnische Familie, die noch ein kühles Bad im See nehmen wollte und ganz in der Nähe ein Wochenendhäuschen besitzt, lädt mich spontan in ihre Sauna ein. Sie sitzen jeden Abend drinnen. Ein Finne ohne Sauna, das sei wie ein Fisch ohne Wasser. Dann wird extra für mich der Grill im Garten angeheizt. Bald steigt mir der Duft von Bratwürsten in die Nase. Selbstgeschleuderter Honig und Tee kommen auf den Tisch und ich

DIE GOLDENEN KUPPELN DER USPENSKI-KATHEDRALE ZEUGEN VON DER NÄHE RUSSLANDS

Ärgerlich: Der Elch erscheint nur auf Schildern

radfahren Spaß. Weit und breit keine Spur von den langen Geraden, die in jedem Reiseführer beschrieben sind. Es war doch eine gute Idee, Helsinki auf einer kleinen Nebenstraße zu verlassen, um nach Norden zu gelangen. Bei Sajaniemi zweigt

Erfreulich: Wildcampen ist fast überall erlaubt

IN DICHTEM WALD REIHT SICH KURVE AN KURVE. DIE STRASSE KLETTERT ÜBER GRÜNE HÜGEL

kann im Bett der Gästehütte schlafen. Das Vertrauen, das die Leute in mich haben, ist schon fast beschämend.

Quer durch den Wald, über kurvige Sandwege und per Orientierung nach dem Sonnenstand finde ich am nächsten Morgen nach Rihimäki. Das dortige Glasmuseum ist einen Besuch wert. Zweitausend Jahre finnische Glasgeschichte sind so ausgestellt, daß Museums-Langeweile erst gar nicht aufkommt. Von den ersten Bekanntschaften der Wikinger mit Glas aus dem Orient über die

englische Bierflasche aus dem 18. Jahrhundert bis zu moderner Glaskunst ist hier ausgestellt, was sich mit dem durchsichtigen Zeug so alles anfangen läßt.

Einige Kilometer östlich von Riistina ist die Kunst etwas älter. Nach einem drei Kilometer langen Fußmarsch durch ein Wald- und Seengebiet, das ich dank der Attacken einiger Mückenschwärme im Stile eines bayerischen Schuhplattlers durchquere, stehe ich vor einer Felswand, auf der mit scharfem Auge und gestrecktem Hals Elche, Schamanen und Jäger zu

Feucht und sehr fröhlich: Motorradtreffen in Riistina

erkennen sind. Die Zeichnungen sollen zwischen 2500 und 5000 Jahre alt sein. Unter einer schützenden Quarzschicht blieben sie durch die Jahrtausende bewahrt. Ich stelle mir vor, wie der Steinzeit-Picasso mit einem Bärenfell umwickelt den Fels bekritzelt hat. In unserer Zeit wird so etwas Graffiti genannt und mit erhobenem Zeigefinger wieder abgewaschen.

Heute scheint was in der Luft zu liegen. Den ganzen Tag schon brettern bepackte Motorräder, von der Enduro bis zum Chopper, in Richtung Mikkeli. Wie sich bald herausstellt, findet am Wochenende ein Treffen statt. Für 80 Finnmark gibt es Verpflegung von Freitagabend bis Sonntagmorgen. Hätte ich gewußt, daß ich die achtzig Finnmärker allein für das Sonntagsfrühstück anlege, ich hätte mir die Sache nochmal überlegt. Aber so.... Es fing alles ganz harmlos an. Ein Finn-Chopper hatte es mir angetan, einer von der Sorte »Harte Männer«. Das heißt, Motor, Rahmen, Räder, ein Stück Rohr als Lenker und ein kleiner Sattel für den Allerwertesten. Mehr nicht. Wie mir der Besitzer des schönen Stücks nun so erzählt, wie er aus der 650er Bonneville eine 750er gemacht hat und drumherum einen Rahmen bog, kommt dauernd ir-

Die Milch machts:
Milchkanne als Briefkasten

gendein anderer Biker vorbei und streckt mir mal eine Flasche, mal einen Plastikbehälter hin. Ich erinnere mich noch, daß es mit deutschem Weißwein (Rheinhessen) anfing, zu italienischem Roten (Valpolicella) wechselte und bei verschiedenen finnischen Schnäpse (selbstgebrannt) und russischem Wodka (geschmuggelt) endete – oder auch nicht. Als ich mich jeden-

EIN FINNE OHNE SAUNA IST WIE EIN FISCH OHNE WASSER: VÖLLIG UNDENKBAR

49

FINNLAND

falls morgens um fünf Uhr auf die Suche nach meinem Zelt mache, liege ich im Clinch mit der Schwerkraft, gegen Mittag inszeniert mein Magen einen Vulkanausbruch, und abends um neun wage ich mich wieder in die Vertikale. Die Essensausgabe hat bereits dichtgemacht, und eine Bikerin rät zum weitersaufen, das helfe bestimmt, das mache sie auch immer so. Schließlich sei der Sommer hier so verdammt kurz, das muß man

Glitzernd: See in der Nähe von Mikkeli

nutzen. Ich verzichte lieber darauf, sonst bekomme ich vom kurzen Sommer nur die Hälfte mit.

Wasser und Wald, Wald und Wasser. Im Saimaa-Seengebiet bin ich mir nicht mehr sicher, ob ich nun auf Festland fahre oder in einem Meer über eine Unzahl von Inseln unterwegs bin. Die finnische Seenplatte entstand, als sich die Gletscher der letzten Eiszeit vor etwa 10 000 Jahren zurückzogen. Als das Eis schmolz, wich der gewaltige Druck vom Land, und es hob sich wie ein zusammengedrückter Schwamm, den man wieder losläßt. Weil sich das Land an der Küste mehr hob, als im Landesinneren, konnten die Schmelzwasser nicht abfließen, und übrig blieb diese beeindruckende Wasserlandschaft. Laut einer Studie soll es in Finnland über 187000 Seen geben.

MÜCKEN-SCHWÄRME ANIMIEREN MICH BEIM LAUFEN ZU EINER BAYERISCHEN SCHUHPLATTLER-EINLAGE

Einige gibt es jetzt zu sehen. Auf den Kurven der »435« hinauf nach Savonlinna kommt mal wieder Freude auf. Der Stolz Savonlinna ist die Burg Olavinlinna, die von den Schweden vor rund 500 Jahren auf einer Felseninsel zur Überwachung der Grenze erbaut wurde.

Der Platz war ideal. Hier, rund um die Burginsel, treffen sich die schiffbaren Wasser des Seengebietes, um weiter nach Süden zu fließen.

FINNCHOPPER: MOTOR, RAHMEN, RÄDER, EIN STÜCK ROHR ALS LENKER UND EIN WINZIGER SATTEL

Wer mit dem Schiff unterwegs war, mußte also hier durch. Und weil es vor 500 Jahren noch keine Enduros gab, mußten fast alle hier durch. Weil die Schweden die Burg ohne zu fragen auf die russische Seite der Grenze stellten, gab man beim Bau besonders Gas: Die Bauzeit betrug nur zwanzig Jahre. Das Soldatenleben scheint damals gar nicht so übel gewesen zu sein.

Die Festung jedenfalls war mit einer eigenen Brauerei ausgestattet, und jedem Soldaten standen täglich fünf Liter Bier zu, an Feiertagen sogar sieben. Das sollte sich die Bundeswehr mal zu Herzen nehmen, dann würde es auf unseren Kasernenhöfen bestimmt lustiger zugehen.

Etwa 25 Kilometer östlich von Savonlinna findet sich das Mekka skandinavischer Kunstliebhaber. Eine Galerie besonderer Art: 3000 Quadratmeter Höhlenraum wurden Stück für Stück in den felsigen Boden getrieben. Die Atmosphäre unter Tage ist einmalig. Ganz anders als bei den sonst bei Kunstausstellungen üblichen hellen Räumen wird hier die grobe Felshöhle durch effektvolle Beleuchtung selbst zur Kunst.

Ein kleiner Umweg zurück nach Savonlinna bringt mich nach Kerimäki, das sich rühmt, die größte Holzkirche der Welt zu haben. Vor kurzem renoviert, grüßt sie in leuchtendem Gelb

EINE BIKERIN RÄT MIR WEITERZUSAUFEN, DAS HELFE AM BESTEN GEGEN DEN KATER

Einsiedler: Bärenjäger an der russischen Grenze

FINNLAND

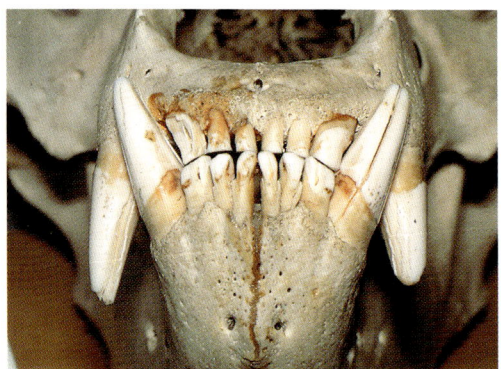

Monu-Dental: beeindruckende Braunbär-Beißerchen

LAUT EINER STUDIE SOLL ES IN FINNLAND 187 000 SEEN GEBEN. ECHT SEENSWERT

und Weiß von einem kleinen Hügel. Auf den 1670 Meter Kirchenbänken haben immerhin 3300 Personen Platz. Die sind aber selten besetzt – sofern nicht gerade Konzerte stattfinden. Die Akustik in dem wuchtigen Holzgebäude soll einmalig sein.

Es ist kaum zu glauben, aber es gibt im flachen Finnland tatsächlich richtige Serpentinen. Auf den Berg Koli am Pielinensee führen sie auf satte 347 Meter hinauf. Leider bleibt mir nur wenig Zeit, die Aussicht von hier oben zu genießen, denn die Fähre, die zweimal am Tag über den See nach Lieksa fährt, ist von hier oben bereits auszumachen. Sie spart 100 Kilometer Umweg, und die nächste fährt erst in fünf Stunden. Also nichts wie hin.

Eine der lobenswertesten Einrichtungen Skandinaviens ist das Frühstücksbuffet, das zu einem relativ günstigen Preis Reichliches bietet. Man kann sich so oft bedienen wie man will, sollte das aber nicht ausnutzen wie ein hungriger Bär. Man hat sich schließlich unter Kontrolle. Haltung bitte!

Wenn ich ins Restaurant komme, studiere ich erstmal ganz unauffällig das Angebot. Die erste geistige Grobauswahl ist damit getroffen. Dann suche ich einen strategisch günstigen Platz, von dem ich einen kurzen Weg zu allen gebotenen Köstlichkeiten habe. Sind diese Vorbereitungen getroffen, kann es losgehen. Ich setze einen abwesenden Blick auf, so etwa, als würde ich die letzte Steuererklärung noch einmal durch rechnen, greife den größten Teller, der rumsteht und fange ganz klein an. Sechs Scheiben Schinken, vier Scheiben Käse, einige Brocken Fisch, Gurken und Tomaten, Butter, fünf Scheiben Brot, etwas Gebäck, eine Pirogge, Kaffee, Orangensaft, Joghurt, Besteck und eine Serviette sollten für den Anfang genügen. Jetzt nur nicht über den Teppich stolpern. Die Grundlage ist geschaffen.

Beim zweiten Gang kommt zu dem Ganzen noch etwas Marmelade. Der Herr am Tisch gegenüber beobachtet mich schon. Ich warte, bis er zur Toilette geht, springe dann auf. Ein Glas Orangensaft, ein Glas Milch, ein Ei. Der Herr vor mir ist inzwischen verschwunden. Um zehn Uhr ist das Buffet beendet, noch eine Minute, die Bedienung trägt schon die ersten Schüsseln weg. Die Gesichtsmuskeln spannen sich an, ein gieriges Blitzen funkelt in den Augen. Mit einem gekonnten Ausfallschritt schnappe ich mir noch ein Schinkenbrötchen, eine Tasse Kaffee und etwas Fisch. Dann ist es vorbei, beim Bezahlen habe ich wieder den Steuererklärungsblick. Schwer atmend

schleppe ich meinen Körper zur Tür, stapfe mit plumpen Schritten die Treppe hinunter. Geschafft, das muß bis zum Mittagessen reichen.

Langsam bekomme ich Zweifel, ob ich noch auf der richtigen Fährte zum Haus des Bärentöters bin, der irgendwo hier in den Wäldern bei Lieksa hausen soll. Der Weg, nur wenige Kilometer von der russischen Grenze entfernt, war anfangs noch geschottert, besteht inzwischen aber aus ziemlich weichem Sand. Aber dann, ich denke schon ans Umkehren, stehe ich am Ende der Sandpiste, zwischen den Gebäuden eines kleinen Bauernhofes. Als ich ins

IN KERIMÄKI STEHT DIE GRÖSSTE HOLZKIRCHE DER WELT

Praktisch: finnischer Schuhabstreifer

Feurig: Himmel über Nordfinnland

FINNLAND

Abenteuerlich: Hängebrücke am Bärenpfad

Haus komme, sitzt ein älteres Ehepaar an einem einfachen Holztisch beim Abendbrot, der präparierte Kopf eines Elchbullen stiert von der Wand, ein ausgestopfter Bär, ein Wolf und allerlei sonstiges Viehzeug hängt und steht in dem großen Raum. Ich bin tatsächlich im Wohnzimmer von Vaino Heikkinen, dem Bärentöter, gelandet. Er spricht nur Finnisch, aber sein Sohn übersetzt ins Englische. Früher, als es hier noch Bauern gab, rissen die Braunbären oft Schafe, Kälber und sogar Kühe. Und so begann er, im Auftrag der Bauern, diese Bären zu jagen. Sechsunddreißig Stück hat er insgesamt erlegt. Die Schädel stehen ordentlich aufgereiht im Regal. Solch einem Gebißträger möchte ich nicht unbedingt be-

gegnen. Inzwischen hat er mit der Bärenjagd aufgehört. Seit es hier keine Bauern mehr gibt, ist das nicht mehr nötig. Bären und Wölfe gäbe es noch genug. Sie kommen im Sommer von Rußland herüber und verziehen sich im Winter wieder. Er fühle sich mit seinen 71 Jahren immer noch fit genug für die Bärenjagd, meint er, aber nur zum Spaß, nein, das muß nicht sein. Und er meint, ich könne ruhig weiter draußen im Wald übernachten. Bären sind sehr scheu, nur wenn sie Junge haben oder verletzt sind, dann wird es gefährlich. Na denn, ab nach Norden zum Bärenpfad. Eine schwankende Hängebrücke - »Nur einzeln betreten«, steht auf dem Schild - führt über den Fluß, dann geht es auf einen

ICH SUCHE EINEN STRATEGISCH GÜNSTIGEN PLATZ, VON DEM ICH EINEN KURZEN WEG ZUM BUFFET HABE

von Wurzeln überzogenen Weg in eines der bekanntesten Wandergebiete des Oulanka-Nationalparks. Mein Ziel ist der Jurävä-Fall, an dem sich das Flußbett zwischen den Felsen verengt und die Wassermassen durch ein enges Tor über eine Klippe schießen. Aus der brodelnden und schäumenden Gischt springen Fische hoch, schlagen Purzelbäume in der Luft und verschwinden wieder. Das scheint ihnen Spaß zu machen. Die Angler drumherum scheint es weniger zu freuen, denn bis jetzt hat noch nichts angebissen. Genug gewandert, auf dem kleinen Campingplatz am Seeufer wartet die Sauna.

Auf den geraden Straßen geht es flott voran, und so bin ich schnell in Rovaniemi, wo vor kurzem das vielleicht interessanteste Museum Finnlands eröffnet wurde. Bis auf einen gewölbten Glas- und Stahltunnel liegt alles unter der Erde. In gedämpftem Licht ist hier in ansprechender Weise die Entstehung und Lebensweise in den arktischen Landschaften, vom Polarkreis bis zum Nordpol, erklärt. Ich weiß also nun, wo's langgeht, als ich kurz hinter Rovaniemi den Polarkreis überquere. Auf der Nebenstraße weist nicht mal ein Schild daraufhin, und auch am Büro eines gewis-

sen Herrn Nikolaus komme ich nicht vorbei, es liegt auf der anderen Seite des Flusses.

Hier irgendwo beginnt Lappland. Die Kiefern werden niedriger, das Buschwerk dichter, und immer öfter laufen Rentiere mitten auf der Straße herum. Vierzig Kilometer hinter Kittilä wird der Asphalt von einer festen Sandpiste abgelöst. Der Fahrtwind und das Knattern des Einzylinders ist alles, was mich durch den endlosen Wald begleitet. Mit 90 Sachen bügeln die Reifen über die Schlaglöcher hinweg, als gäbe es sie nicht. Erst als ich nur um Haaresbreite an einem Rentier vorbeizirkle,

ICH BIN IM WOHNZIMMER DES FINNISCHEN BÄRENTÖTERS VAINO HEIKKINEN GELANDET

**Süchtig:
Goldgräber am Lemmenjoki**

FINNLAND

**DAS INTERES-
SANTESTE
MUSEUM
FINNLANDS
LIEGT FAST
KOMPLETT
UNTER DER ERDE**

**HIER IRGENDWO
BEGINNT LAPP-
LAND. DIE
KIEFERN
WERDEN NIED-
RIGER, DAS
BUSCHWERK
DICHTER**

das überraschend aus einem Gebüsch hervorspringt, nehme ich das Gas weg und genehmige mir auf den Schrecken eine bärige Blaubeeren-Mahlzeit am Wegesrand. Gegen Abend erreiche ich den Lemmenjocki, an dem ein Goldwäscher-Wettbewerb stattfindet. Die Teilnehmer sind leicht zu erkennen: Hohe Gummistiefel und mit Aufnähern übersäte Hüte sind eindeutige Digger-Kennzeichen. Ein älterer Herr trägt seinen Nugget an der Halskette. Sogar aus Holland und England sind sie gekommen, um nach dem Edelmetall zu suchen. Kann man hier wirklich noch Gold finden? Anscheinend schon. Eine junge Frau zeigt mir stolz ein kleines Glasröhrchen, und beim genauen Hinsehen ist darin ein winziges, goldschimmerndes Körnchen zu entdecken. Ob das wohl reichen wird, um die 50 Finn-Mark für die Fahrt mit dem Boot zum Schürfgebiet zu bezahlen? Wohl kaum. Trotzdem kommen sie von weit her, um mit Schüsseln in der Hand und Goldfieber in den Knochen bis zu den Knien im kalten Wasser zu stehen und auf den großen Fund zu hoffen. Angeblich wurde erst 1992 das letzte große Nugget gefunden. Ich ziehe es vor, an einem kleinen See mein Zelt aufzuschlagen, und in aller Ruhe am La-

gerfeuer den Sonnenuntergang zu genießen. Die laute, hektische Welt scheint weit entfernt zu sein, und ich frage mich unwillkürlich, wozu eigentlich der ganze Wohlstandsrummel nötig ist. Eine Hütte und eine Angel würden genügen.

Szenenwechsel. Ich sitze in einer kleinen Kneipe in Sevettijärvi, der Inari-See liegt hinter und die letzte Tasse finnischen

Feierabend: Aufwärmen am Lagerfeuer

Kaffees vor mir. Ein paar Tische und Stühle aus dem allgegenwärtigen Kiefernholz, ein offener Kamin und eine kleine Theke, das ist alles, was im Raum steht. An einem Tisch sitzen ein paar Finnen in Tarnanzügen mit langen Messern an der Hüfte. Sie wollen von hier aus zehn Kilometer nach Westen, quer durch die Wildnis laufen, einfach so, zum Fischen. Das sei für sie ein kleiner Spaziergang, so zum Zeitvertreib, sagt mir einer. Der andere hat eine Tageszeitung in der Hand, und auf der ersten Seite ist halbseitig ein Goldnugget abgebildet. 25 Gramm schwer, ausgewaschen in Taankavaara, vor einer Woche, 150 Kilometer südlich von hier. Vielleicht bleibe ich doch noch etwas länger. Ich glaube, ich bekomme Goldfieber.

WOZU DER GANZE WOHLSTANDSRUMMEL? HIER GENÜGEN EINE HÜTTE UND EINE ANGEL

61

INFO FINNLAND

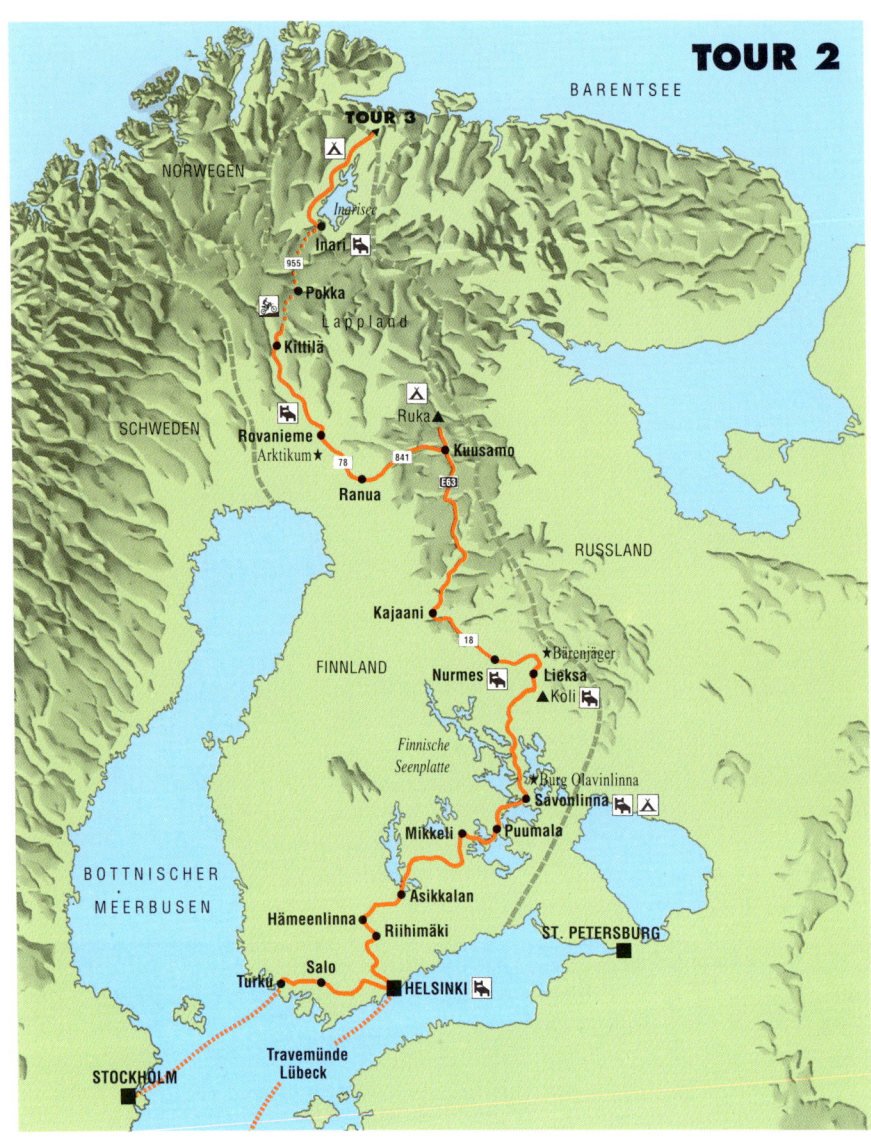

TOUR 2

BARENTSEE

TOUR 3

NORWEGEN

Inarisee

Inari

955

Pokka

L a p p l a n d

Kittilä

SCHWEDEN

Ruka ▲

Rovanieme
★Arktikum

78   841

Kuusamo

E63

Ranua

RUSSLAND

Kajaani

18

★Bärenjäger

FINNLAND

Nurmes

Lieksa
▲Köli

*Finnische
Seenplatte*

★Burg Olavinlinna

Savonlinna

Mikkeli

Puumala

BOTTNISCHER

MEERBUSEN

Asikkalan

Hämeenlinna

Riihimäki

ST. PETERSBURG

Salo

Turku

HELSINKI

STOCKHOLM

Travemünde
Lübeck

**Gefahrene Strecke:
etwa 2 700 Kilometer**

Karte:

Euro-Länderkarte, Finnland,
1:800000, RV-Verlag.
Ganz Finnland in 19 Einzelblättern
1:200000 und verschiedene
Wanderkarten bietet das Karten-
zentrum in Helsinki,
Opastinsilta 12 B an.
Telefon: 0 03 58/(9)0/154 56 53.

 Anreise:

Wenn Sie Ihre Reise in Süd-
Schweden begonnen haben, dann
legt die Fähre nach Finnland
in Stockholm ab.
Von Deutschland aus gibt es
Direktverbindungen in die finnische Hauptstadt Helsinki ab Travemünde oder Lübeck.

 Route:

Turku – Naantali – Salo – Mustion
– Lohia – Helsinki – Espoo –
Takkula – Perttula – Läyliäinen –
Rihimäki – Hämeenlinna – Lammi
– Pulkkila – Karilanmaa – Kalho –
Tokeensalmi – Kuiajärvi –
Vehkalahti – Kuortti – Vihantas-
almi – Mäntyhariu – Haikola –
Riistina – Mikkeli – Anttoli –
Ryhälä – Kallislahti – Savonlinna –
Punkaharju – Kerimäki –
Leipämäki – Vihtari – Uusi
Valaamo *(orthod. Kloster)* –
Outokumpu – Koli – Lieksa –
Nurmijärvi – *Kaksinkantaja
(Bärenjäger)* – Nurmes – Kajaani –
Kontiomäki – Suomussalmi –
Kuusamo – Ruka – Juuma –
Posio – Rauna – Rovaniemi –
Kittilä – Vitsakumpu – Pokka –
Menesjärvi – Inari – Kaamanen –
Partakko – Sevettijärvi –
Näätämö

 Fähre:

Fähren von Deutschland nach
Trelleborg: Siehe Info
Süd-Schweden.

Von Schweden nach Finnland:
Stockholm – Turku:
Die Silja-Line fährt täglich um
08.00 Uhr und 20.00 Uhr los.
Die 8.00 Uhr-Fähre ist abends um
19.00 Uhr in Turku, die 20.00 Uhr
Fähre am nächsten Morgen um
8.30 Uhr. Die Preise während der
Hauptsaison: Deckspassage (Tages-
fahrt) ab 31 Mark, Nachtfahrt in der
Vierbettkabine ab 78 Mark.
Motorrad: 25 Mark.

Die Viking-Line fährt täglich um
21.15 Uhr ab, Ankunft in Turku ist
am nächsten Morgen um 8.05 Uhr.
Preis/Person 47 Mark,
Motorrad 17 Mark, Kabinenplatz
ab 15 Mark.

INFO FINNLAND

Stockholm-Helsinki:
Die Silja-Line legt täglich um
18.00 Uhr ab, Ankunft in Helsinki
ist am nächsten Morgen um
8.30 Uhr. Die Preise während der
Hauptsaison: In der Vierbettkabine
ab 120 Mark/Person, in der Zwei-
bettkabine ab 170 Mark/Person.
Motorrad: 25 Mark.

Die Viking-Line legt ebenfalls
täglich um 18.00 Uhr ab.
Ankunft in Helsinki ist am
nächsten Morgen um 9.00 Uhr.
Preis/Person 62 Mark.
Motorrad 22 Mark. Kabinenplatz
ab 24 Mark.
Die Linien bieten auch kombinierte
Fährtickets Deutschland – Schweden – Finnland an, die im Preis
etwas günstiger sind.

Deutschland-Finnland:
Von Travemünde nach Helsinki
fährt die Silja-Line. Die Abfahrts-
zeiten von Travemünde sind von
15. Juni bis 26. August,
am Mittwoch um 16.30 Uhr,
am Freitag um 18.00 Uhr und
am Sonntag um 19.00 Uhr.
Außerhalb dieses Zeitraumes am
Donnerstag um 18.00 Uhr und am
Sonntag um 20.00 Uhr. Die Überfahrt dauert, während der Hauptsaison, bei Abfahrt am Sonntag
39 Stunden, bei Abfahrt am Mittwoch oder Freitag 24 Stunden.
Der Fährpreis je Person reicht von
210 Mark (Couchette) bis

1080 Mark (Einzelkabine mit
Frühstück). Für das Motorrad sind
85 Mark, an bestimmten Tagen nur
55 Mark zu berappen.
Ab Lübeck schippert die Poseidon-
Schiffahrt nach Helsinki. Ablege-
tage sind von Mitte Juni bis Ende
August im wöchentlichen Wechsel,
entweder am Montag und Freitag
oder am Mittwoch. Die Passage
kostet pro Person in der Zweibett-
kabine inklusive voller Verpflegung
ab 470 Mark. Der Motorradtrans-
port kostet 75 Mark.

 Übernachten:

Am billigsten und oft am schönsten
ist es, sein Zelt an einem der über
187 000 Seen aufzuschlagen, trok-
kenes Holz im Wald zu sammeln
und dann am Lagerfeuer zu sitzen.
Unter Berücksichtigung des Jeder-
mannsrechtes, das auch Jeder-
mannspflichten einschließt, ist das
fast überall erlaubt. Daß bei starker
Trockenheit wegen der Waldbrand-
gefahr auf das offene Feuer ver-
zichtet wird, sollte selbstverständ-
lich sein. Wer auf einen gewissen
Komfort nicht verzichten will, der
geht auf einen der meist sehr gut
ausgestatteten Campingplätze. Fast
alle haben eine Sauna, die im Preis
inbegriffen ist. Oft sind auch
Waschmaschinen und Trockner vorhanden, die gegen eine kleine Ge-

bühr benutzt werden können. Camping-Ausweise gibt es beim ADAC, beim AVD oder beim deutschen Campingclub. Komfortabler und vor allem für mehrere Personen sehr günstig ist es, eine Hütte zu mieten. Hütten haben einen festen Preis, ungeachtet der Personen, die darin übernachten. Die Häuschen sind unterschiedlich groß und bieten zwischen zwei und zehn Leuten Platz. Die Preise richten sich nach der Ausstattung, je nach dem, ob Toilette oder Dusche in der Hütte oder außerhalb untergebracht sind. Alle Hütten sind beheizbar und bieten meist auch eine Kochgelegenheit. Neben Jugendherbergen und günstigen Sommerhotels empfehlen sich auch private Bed & Breakfast-Quartiere als günstige Übernachtungsmöglichkcit. Übernachtungen im Hotelzimmer drücken jedoch stark auf die Reisekasse. Im Info-Heft »Budget Accommodation« vom Finnischen Fremdenverkehrsamt sind besonders günstige Unterkünfte mit Preis und Adresse aufgeführt.

Hotels:
Helsinki:
● ● ● Hotel Hospitz,
Vuorikatu 17 B,
00100 Helsinki,
Telefon: 90/173441.
Reduziert von Mitte Juni bis Ende August. Sauna. Zentrale Lage beim Dom.

Savonlinna:
● ● ● Hotel Pietari Kylliäinen,
Olavinkatu 15,
57130 Savonlinna,
Telefon: 957/5750500.
Sauna, Badestrand.

Koli:
● ● Hotel Koli,
Ylä-Kolintie 39,
83970 Yläkoli,
Telefon: 973/672221.
Toplage über dem Pielinensee.

Inari:
● ● ● Hotel Inari Kultahovi,
99870 Inari,
Telefon: 9697/51221.
Sauna.

Rücksichtsvoll:
Fähre statt Brücke

INFO FINNLAND

Unikat: einziger Eisbär im Zoo von Rauna

Sommerhotels:
Helsinki:
● Hostel Academica,
Hietaniemenkatu 14,
00100 Helsinki,
Telefon: 90/4020206.
Zimmer mit Dusche/WC/Kühl-
schrank, geöffnet: 1. Juni bis
1. September.

Savonlinna:
● ● Vuorilinna,
Kylpylaitoksentie,
57130 Savonlinna,
Telefon: 957/57500.
Geöffnet: 1. Juni bis 29. August.

Nurmes:
● Hyvärilän Matkailukeskus
Lomatie,
75500 Nurmes,
Telefon: 976/21770.
Sauna.

Rovaniemi:
● Matkakoti Matka-Kalle,
Asemieskatu 1,
96100 Rovaniemi,
Telefon: 960/20130.

INFO FINNLAND

Souvenir: Porzellanpuppe auf dem Markt von Helsinki

Jugendherbergen:
Helsinki:
● Stadionin Reitkeilymaja
Pohjoinen, Stadiontie 3 B,
00250 Helsinki,
Telefon: 90/49 60 71.

Koli:
● Kolin Retkeilymaja,
Niinilahdentie 47,
83960 Koli,
Telefon: 9 73/67 31 31.

Camping:
Savonlinna:
● Camping Vuohimäki,
57200 Savonlinna,
Telefon: 9 57/53 73 53.
Offen: 4. Juni bis 22. August.
Komfortabel, Sauna am See.

Juuma:
● 93999 Kuusamo / 26 Juuma, Telefon: 989/863212.
Offen: 1. Juni bis 30. September. Einfacher Campingplatz am Ausgangspunkt des Bärenpfades (Wanderpfad).
Zugang zum Jurävä-Fall. Raftingtouren, Sauna am See, Campinghütten.

Inari:
● Partakko Hietajoki, A 778 Hietajoki, 99800 Ivalo Partakko, Telefon: 9697/53122.
Offen: 1. April bis 30. September. Campingplatz am Nordufer des Inarisees. Bootsverleih, Sauna, Campinghütten.

 Gastronomie:

Das beste, was einem in Sachen Futter passieren kann, ist ein Frühstücks- oder Mittagsbuffet, das meist eine gute Auswahl quer durch die finnische Küche bietet. Das Frühstücksbuffet kostet etwa 25 Finn-Mark, das Mittagsbuffet zwischen 50 und 80 Finn-Mark. Es wird von vielen Restaurants und manchmal in einfacherer Form auch in größeren Tankstellen angeboten. Zwei Möglichkeiten, die am Weg liegen: In Savonlinna, auf der Burg Olavinlinna, und im Bombahaus, in Suojärvenkatu 1, 75550 Nurmes. Angler fischen sich ihre Mahlzeit selbst aus dem Wasser und bereiten sich den Fang auf dem Lagerfeuer zu.
Zum Angeln muß eine Lizenz gekauft werden, die ein Jahr lang gilt, und bei Postämtern und -banken zu bekommen ist. Eine weitere Gebühr ist an den Betreiber des jeweiligen Fischgewässers zu entrichten.

 Reisezeit:

Finnlands wärmster Monat ist der Juli, der August dagegen ist mit durchschnittlich zehn Regentagen der niederschlagsreichste. Unter den dehnbaren Begriff Reisezeit fällt im Süden Mitte Juni bis Mitte September, im Norden Anfang Juli bis Ende August. Robuste Naturen hängen vorne und hinten nochmal zwei Wochen an.

 Enduro:

Die Straßen Süd-Finnlands sind zum größten Teil »zivilisiert«, Finnisch-Lappland dagegen kann mit gutem Kartenmaterial auch asphaltfrei durchkreuzt werden.

INFO FINNLAND

 Sehenswert:

Meine Favoriten: in Helsinki der Dom, die Uspenski-Kathedrale und das Wissenschaftszentrum Heureka. In Riihimäki das finnische Glasmuseum, in Savonlinna die Burg Olavinlinna, in Punkaharju das Kunstzentrum Retretti, in Lieksa das Freilichtmuseum. Die Trophäen-Sammlung des Bärenjägers Heikkonen in Kaksinkantaja (Info im Touristbüro von Lieksa) und in Rovaniemi das Arktikum, das die Entstehung der Polarregionen anhand anschaulicher Modelle und Filme erklärt und Einblick in das Leben in diesen kältesten Gebieten unserer Erde gibt. Aussichtspunkte: Der Berg Koli, am Westufer des Pielinensees und der Skiberg Ruka nördlich von Kuusamo.

 Aktivitäten:

Goldwaschen am Lemmenjokki oder in Tankavaara; Raftingtouren in Juuma bei Kuusamo; Wandern für Einsteiger auf dem Bärenpfad, ebenfalls bei Juuma/Kuusamo oder für Profis im Kevo-Naturpark.

 Extra-Tip:

Vor allem abends können Mücken zur tierischen Plage werden. Die Viecher stehen auf Schwarz, so daß sich allein durch helle Kleidung ein Teil der Plagegeister abhalten läßt. Weiteren Schutz verschaffen gute Mückenschutzmittel, die in allen finnischen Drogerien vorrätig sind. Ein Zelt ohne Moskitonetz wird nachts garantiert zur Folterkammer.

 Veranstaltungen:

In Ilomantsi, Sodankylä, Lieksa und Joensuu finden Flößerwettbewerbe statt. In Tankavaara werden Goldwäscher-Wettbewerbe veranstaltet, an denen sich jeder beteiligen kann. Einen festen Platz im Terminkalender hat Ende Juni, wie überall in Skandinavien, das Mittsommernachtsfest.

 Tanken:

Süd- und Mittel-Finnland haben ein dichtes Tankstellennetz, das verbleites und bleifreies Benzin im Angebot hat.
In Lappland sind die Zapfstellen etwas dünner gesät, aber ein normaler Tank mit einer Reichweite von 200 Kilometern genügt auch hier.

Literatur:

Ein stimmungsvoller Bildband
mit interessanten Erzählungen
von Insidern über ihr Land ist
»Naturwunder Finnland« aus
dem Umschau-Verlag für
68 Mark.
Von Beeren bis Bären weiß das
Merian-Heft Finnland einiges zu
berichten. Es ist zwar kein Reiseführer, eignet sich aber hervorragend, um das Reisefieber anzu-
fachen.

 Adressen:

Fremdenverkehrsämter:
In Deutschland:
Finnische Zentrale für Tourismus,
Darmstädter Straße 180,
60598 Frankfurt/Main,
Telefon: 0 69/9 68 86 70.

In Finnland:
Finnische Zentrale für Tourismus,
Eteläesplanadi 4,
SF-00130 Helsinki,
Telefon: 90/40 30 11 oder
40 30 13 00.

Zimmernachweis Helsinki,
Hauptbahnhof Helsinki,
Asemaaukio 3,
00100 Helsinki,
Telefon: 90/17 11 33.

Fremdenverkehrsamt Savonlinna,
Puistokatu 1,
57100 Savonlinna,
Telefon: 9 57/134 93.

Fremdenverkehrsamt Lieksa,
Pielisentie 7,
81700 Lieksa,
Telefon: 9 75/5 20 15 00.

Fremdenverkehrsamt Rovanieni,
Aallonkatu 1,
96200 Rovaniemi,
Telefon: 9 60/162 70.

Buchung der Fähren:
Finjet-Silja Line,
Georgsplatz 1,
20099 Hamburg,
Telefon: 0 40/32 13 84.

Viking-Line, Skandinavinkai,
23570 Lübeck-Travemünde,
Telefon: 0 45 02/54 35.

Poseidon Schiffahrt,
Große Altefähre 20/22,
23552 Lübeck,
Telefon: 04 51/15 07 47.

 Telefon:

Von Deutschland nach Finnland:
0035/Vorwahl, ohne die erste Zahl/
Teilnehmernummer.
Von Finnland nach Deutschland:
990/49/Vorwahl, ohne die erste
Zahl/Teilnehmernummer.

NORD-NORWEGEN

Schlafwandler: Nachts um zwei Uhr am Nordkap

SOMMER OHNE NACHT

Das Küstengebiet des Nordens ist von den Urkräften der Eiszeiten zerklüftet,
ein Land, in dem die Sonne im Sommer nicht untergeht
und das Nordkap bei weitem nicht alles ist. Die greifbare Einsamkeit
entlang der russischen Grenze oder die bizarre
Bergwelt der Lofoten haben landschaftlich viel mehr zu bieten.

NORD-NORWEGEN

Es ist Mitternacht. Vom Zaun des verwachsenen Friedhofs blättern die letzten Reste der einst weißen Farbe ab. Die kleine Steinkirche steht erhaben auf einem grauen Felssockel. Über dem russischen Grenzturm leuchtet gelblich die Sichel des Halbmondes. Ein Holzkreuz zeichnet sich gegen den orangegelben Himmel ab und der schwarze Schatten einer Möwe zieht seine Kreise über dem dunkelblauen Meer. Es ist schaurig schön, nachts um zwölf in Grense Jakobselv, am östlichen Ende der norwegischen Küstenlinie. Die Mitternachtssonne ist zwar nicht mehr über dem Horizont zu sehen, da-

Steinreich: Piste nach Hamningberg

zu ist es jetzt, in der zweiten Augustwoche, schon zu spät, aber dunkel wird es trotzdem nicht. Ein riesiger, orangefarbener Fleck wandert Stunde um Stunde gemächlich am nördlichen Horizont entlang nach Osten. Ich stelle mein Zelt am Strand auf und beobachte die stimmungsvolle Szene aus dem

Urquell: Norwegens Bäche haben Trinkwasserqualität

Schlafsack, bis mir die Augen zufallen.

Der Morgen steht der Nacht in nichts nach. Schon um acht wird es zu warm im Zelt. Benzinkocher raus, Kaffee kochen, frühstücken. Und dann packt mich der Rappel. Blaues Meer, blauer Himmel, heiße Sonnenstrahlen auf der Haut und seit drei Tagen keine Dusche mehr gesehen. Ich ziehe die Badehose an und mache mich auf zum Eismeer, wie die See hier genannt wird. Wie sich herausstellt nicht ohne Grund: Grense Jakobselv liegt knapp am siebzigsten Breitengrad, und der liegt fast rings um den Globus unter Schnee und Eis. Bis zu den Knien geht es noch, bei den Hüften frage ich mich bereits, warum es hier keine Eisbären gibt. Aber knei-

ÜBER DEM RUSSISCHEN GRENZTURM LEUCHTET GELBLICH DIE SICHEL DES HALBMONDES

**Ausgestopft: Braunbär
im Touristbüro von Tanabru**

Go West. Die schmale Sandpiste zwängt sich durch Buschwerk und Geröll am kleinen Grenzfluß entlang. Steile Felswände ziehen sich über einem See hoch, und nach wenigen Kilometern rollen die Pneus auf Asphalt, der in langen Wellen und Bögen über karge Felsen nach Kirkenes führt. Unter der Brücke über die Neidenelvatosen die Wassermassen am Skoltefossen ein letztes Mal über grobe Felsbrocken, bevor sie sich in den Neidenfjorden ergießen. Das Tal wird breiter, läßt Platz für einen langen See, steigt noch mal kräftig an und endet dann am Varangerfjorden. Binnen weniger Meter fällt die Temperatur um mehrere Grad, so abrupt, als wenn man aus einem warmen Raum in die Kälte hinausgeht. Hier bestimmt das Eismeer die Lufttemperatur. Ich erspare mir das Pullover-Auspacken, fahre einen kleinen Schotterweg entlang und stelle das Zelt auf.

Grense Jakobselv ist zwar der Endpunkt der norwegischen Küstenlinie, der westlichste Punkt Norwegens aber liegt etwas nördlicher auf einer Insel. Die Straße dorthin, am Nordufer des Varangerbotens entlang, ist der ziemlich geraden Küstenlinie angepaßt. Da bleibt Zeit, sich die Gegend anzuschauen. Rie-

fen gilt nicht. Rein bis zum Hals, fünf kräftige Schwimmzüge, eine schnelle 180-Grad-Wendung und dann nichts wie raus. Auf den warmen Felsen sitzend, läßt der Schmerz dann langsam nach. Die Steinbrocken sind von der Eiszeit geformt, von der Brandung in den letzten 10000 Jahren glattgeschliffen und ist von der Sonne heute früh bereits schön aufgeheizt.

sige Gestelle aus grauen Holzstangen und langen Drahtreihen, auf denen im Winter und im Frühjahr Tausende von Fischen getrocknet werden, um sie haltbar zu machen, stehen am Ufer in der Nähe der kleinen Fischerdörfer. In einigen Dörfern sind sogar noch uralte Hütten bewohnt, deren Dächer mit Erde bedeckt und mit Gras bewachsen sind. Das macht sie regendicht.

Hinter der Stadt Vadsö wird das Land flacher. Einige Schafe suchen zwischen spärlich bewachsenen Sandhügeln nach Futter. Auf der Wasserfläche des Varangerfjordes tauchen plötzlich einige schwarze Fischleiber auf. Dunkle Flossen schneiden durch das Salzwasser, tauchen unter und erscheinen 20 Meter weiter von neuem. Vier oder fünf Exemplare einer kleinen Walart scheinen eine Runde im Fjord zu drehen.

Hinter einer kargen Hügelkuppe taucht Vardö auf. Der Ort steht auf einer Insel. Weit und breit ist keine Brücke und auch keine Fähre zu sehen. Der Weg auf die Insel führt 88 Meter unter dem Meer durch den 2 890 Meter langen Eismeertunnel.

Vardö ist nicht nur der öst-

DIE SCHMALE SANDPISTE ZWÄNGT SICH DURCH BUSCHWERK UND GERÖLL AM KLEINEN GRENZFLUSS ENTLANG

Schmerzhaft: Rentier-Kennzeichnung durch Schnitte ins Ohr

lichste Ort Norwegens, sondern ganz Europas. Er liegt östlicher als Istanbul. Der Ort mit seinen zahlreichen Holzhäusern ist an sich schon sehenswert, der Stolz von Vardö aber ist die Festung Vardöhuset. Sie ist so perfekt restauriert, daß eigentlich jeden Moment buntberockte Soldaten aus den Gebäuden schwärmen müssen. Viel Mühe hatten sie nicht, die sternförmige Festung zu erhalten. Sie wurde nämlich niemals angegriffen. Ein Norweger, der sich ebenfalls von den alten Kanonen beeindrucken läßt, schickt mich dann weiter nach Norden bis Hamningberg. Wegen der Landschaft, meint er, und der Mann wußte, wovon er sprach: Auf der Schotterpiste fühlt sich die Enduro so wohl wie die Möwen auf den Fels-

BINNEN WENIGER METER FÄLLT DIE TEMPERATUR UM MEHRERE GRAD

**Schnappschuß:
Rentier auf der Insel Mageroya**

klippen. Der Weg führt durch lebensfeindliche Geröllfelder, durchquert eine fast schwarze Landschaft, in der Hunderte von Felsplatten schräg aus der Oberfläche ragen, als wäre das Land mit einem riesigen Pflug umgepflügt worden. Nur wenige Meter über dem Meeresspiegel liegt an einigen Stellen, dort, wo die Sonne nicht hinkommt, noch

Schön kitschig: Sonnenuntergang über dem Adamsfjord

Schnee. Nach vierzig lohnenden Kilometern endet die Piste in Hamningberg, einem verlassenen Fischerdorf. Eine Holzkirche, eine Schule und einige Häuser, deren Fassaden in der Abendsonne kräftig leuchten, teilen sich die Stille mit einem feinen Sandstrand, an den kräftige Wellen weiße Schaumkronen tragen.

Als ich am nächsten Morgen die knapp 150 Kilometer bis Varangerbotn zurückfahre, ist diese wilde Landschaft in einer dichten Nebelsuppe verschwunden. Die Sicht beträgt gerade noch zwanzig Meter. War es gestern Abend um neun noch so warm, daß ich im T-Shirt umherlaufen konnte, ist es heute trotz Leder und Regenkombi

AUF DER SCHOTTERPISTE FÜHLT SICH DIE ENDURO SO WOHL WIE DIE MÖWEN AUF DEN FELSKLIPPEN

79

Freilichtspiel: Regenbogen über dem Sortlandsundet

NORD-NORWEGEN

lausig kalt. Norwegen ist ein Land der Kontraste, wenn es um das Wetter geht ganz besonders. An der Tankstelle von Varangerbotn darf ich in die Werkstatt, um den fälligen Ölwechsel durchzuführen. Jetzt bräuchte ich nur noch eine neue Kette, meine zeigt schon seit den letzten tausend Kilometern Schwächeerscheinungen. Aber einfach in einen Laden gehen und eine kaufen ist nicht: Wer hier Teile braucht, der ruft in Oslo an und erhält sie per Post. Das dauert drei bis vier Tage, und jetzt vor dem Wochenende noch länger. Einfacher wäre es, Ersatzteile für einen Motorschlitten zu be-

kommen, denn der ist das eigentliche Motorrad des Nordens.

Entlang der breiten, träge dahinfließenden Tana, die als bester nordischer Lachsfluß gilt, geht die Reise auf der »98« wieder nach Norden. Und hier, am Tanafjord, taucht nach viereinhalb Wochen Skandinavien die erste richtige Paßstraße auf. Das ist, als käme nach dem dreißigsten Geburtstag der neunundzwanzigste. Der Paß führt hinauf in das Ifjordfjellet, eine karge, baumlose Landschaft, in der nur Rentiere Nahrung finden. Kurz vor Ifjord stoße ich zufällig auf eine Rentierscheide.

Spiegelbild: Fischerboot im Hafen von Stranda

Die Tiere wurden in der Nacht, die hier fast so hell ist wie der Tag, mit Cross-Maschinen und kleinen Allradfahrzeugen zusammengetrieben. Da sich die Herden der einzelnen Besitzer in den Bergen vermischen, müssen die Tiere gekennzeichnet werden. Dazu werden mit dem Messer bestimmte Formen in die Ohren geschnitten. Rund 20 000 verschiedene Zeichen soll es geben. Anhand der Symbole werden die Muttertiere ausgesondert und deren Kälber ebenfalls markiert. Ob Mann oder Frau, Junge oder Mädchen, jeder, der kräftig genug ist, ein junges Rentier umzuwerfen und festzuhalten, muß mithelfen.

Weiter windet sich die Straße hinauf in ein Fjell-Gebiet. Mit jedem Höhenmeter wird das Buschwerk niedriger, bis sich auf dem Plateau nur noch Moose und Flechten an den grauen Fels krallen. Bei Börselv sind durch aufgeschwemmte Kiesbänke noch deutlich die Linien der Meereshöhe zu erkennen, wie sie vor mehreren tausend Jahren war. Um 69 Meter hat sich das Land hier seit der letzten Eiszeit gehoben. Und es geht immer noch aufwärts. Apropos Eiszeit, im Winter soll es hier oben bis minus 50 Grad kalt werden. Ich frage mich, wie die Rentiere das überstehen. Sie

**Sammelnder Same:
Moltebeeren zum Nachtisch**

sind im Winter dauernd hier draußen, sind nicht eingemummt wie die Eisbären, und das Wasser ist überall gefroren.

Die Antwort findet sich in Stabbursnet im Naturhus. Das uralte Rentier ist supermodern ausgestattet. Was mein Schlafsack hat, hat das Ren schon lange, nämlich Hohlfasern. Die Fellhaare sind als Röhrchen ausgebildet, was die Isolierung beträchtlich erhöht. Außerdem ist dieses Vieh dazu fähig, seine Temperatur an unwichtigen Kör-

MIT MESSERN WERDEN ERKENNUNGS-ZEICHEN IN DIE RENTIER-OHREN GESCHNITTEN

83

NORD-NORWEGEN

Unendlich: glasklarer Blick über Tromsö

ICH WILL SELBST
SEHEN,
WORÜBER ICH
SCHIMPFE UND
SCHLAGE DEN
WEG ZUM
NORDKAP EIN

perstellen im Winter extrem niedrig zu halten. So kann es die Temperatur ganz unten in den Läufen bis auf neun Grad absenken, ohne Eisbeine zu bekommen. Und was das Trinken betrifft – sie trinken ganz einfach nichts. Sie haben nämlich Zentralheizung. Das Wasser zirkuliert im Körper, zur Wasseraufnahme genügt der Restschnee, der beim Fressen der Flechten aufgenommen wird. Dazu kommt noch eine besondere Form der Einlaßkanäle. Die Luft, die eingeatmet wird, passiert die aufgeheizte Luft, die beim Ausatmen aus der Lunge kommt und wird so angewärmt.

Wärmerückkopplung nennt man das heutzutage. Unter diesen Gesichtspunkten wird das olle Ren zur biologischen Wundertüte. Und schmecken tut es auch noch.

Spätestens am Olderfjord steht jeder vor der Entscheidung – Nordkap, ja oder nein. Nachdem, was man von den Rückfahrern hört, die ich während der Anfahrt getroffen hatte, müßte ich der Kawa die Sporen geben und in Gegenrichtung davondüsen. Andererseits scheint das noch keiner geschafft zu haben. Warum also gerade ich? Man muß selbst gesehen haben, worüber man schimpft, also geht es ab nach Norden. Um es vorwegzunehmen, ich habe es nicht bereut, obwohl es schon zu spät ist, um die Mitternachtssonne zu sehen und auch der Sonnenuntergang nicht allzuviel hergab.

Als die Fähre von Kåfjord ablegt, bläst mir ein eiskalter Wind um die Ohren. Schwarze Felsklippen ragen aus dem Meer, Nebelschwaden kriechen aus engen Fjord-Einschnitten, der Himmel ist düster wie an einem kalten Novembertag. Von Honningsvåg aus, wo die Fähre nach 45 Minuten anlegt, sind es noch dreißig Kilometer bis zum Kap. In unzähligen Kurven schwingt sich das Asphaltband immer weiter hinauf, um dann in weiten Schwüngen ein Plateau zu überqueren. Zwischen steil abfallenden Felsen lichtet sich plötzlich der Hochnebel, ein Flecken Eismeer taucht auf. Die Sonne bleibt hinter der Wolkendecke unsichtbar, aber ihr Spiegelbild liegt wie Gold auf dem Wasser. Das Kap selbst ist ein 308 Meter hoher Felsblock. Den nördlichsten anfahrbaren Punkt Europas teilen sich ein großer Parkplatz, eine Säule mit gitterförmiger Weltkugel und ein großes Gebäude mit Restaurant und einer furchtbar kitschigen Ausstellung im Keller. Der echte nördlichste Punkt liegt auf einer Landzunge, einige Kilometer weiter westlich und etwas tiefer, auf Meereshöhe. Um auf den Parkplatz und in das Nordkap-Haus zu gelangen, sind 95 Kronen Eintritt fällig. Der Gegenwert besteht in einem Film, der auf einer Panorama-Leinwand beeindruckende Winterlandschaften der Insel zeigt, die mit fünf Kameras gleichzeitig vom Hubschrauber aus aufgenommen wurden. Das eigentliche »Nordkap-Erlebnis« spielt sich im Kopf ab. Man steht nun mal am nördlichsten Ende Europas. Und wenn, so wie heute, Sonnenuntergang und Nebel, steile Felsklippen und Meeresrauschen eine dramatische Atmosphäre zaubern, dann fällt es leicht, begeistert zu sein. Außerdem ist es jetzt, Mitte August, fast leer auf dem Felsen. Im

DIE NÖRDLICHSTE HÄNGEBRÜCKE DER WELT FÜHRT ZUR NÖRDLICHSTEN STADT: HAMMERFEST

Eiszeit:
Polar-Museum in Tromsö

NORD-NORWEGEN

Juli, wenn hier mehr Touristen als Mücken rumwimmeln, dann tut man sich schwer mit der Begeisterung. Für den, der dann auch noch durch Skandinavien gebrettert ist, nur um hier anzukommen, ist die Enttäuschung vorprogrammiert. Als einziges Ziel bietet das Kap zu wenig, als Teil des grandiosen Landschafts-Puzzles Norwegen lohnt sich der Abstecher in die hundert Kilometer lange Sackgasse allemal. Aber was rede ich, es läßt sich ja eh keiner davon abhalten, hierher zu fahren.

Der, die, das nördlichste ...Europas. Mit diesem Privileg tut sich Norwegen leicht. Ob das nun Europas nördlichste Landschaft – die Nordkalotte – ist, Europas nördlichstes Observatorium oder Europas nördlichste Toilette, Norwegen hat es. So überquert die »98« Richtung Hammerfest wie selbstverständ-

Spektakulär: Küstenstraße auf den Lofoten

lich die nördlichste Hängebrücke der Welt. Und wo führt diese Hängebrücke hin? Natürlich zur nördlichsten Stadt der Welt, nach Hammerfest. Hier endete vor knapp 150 Jahren die erste genaue Teilvermessung der Erde. Am Endpunkt der 2 800 Kilometer langen Meßstrecke steht eine Meridiansäule (bestimmt auch »die nördlichste«), die an die Aktion erinnern soll. Und meine Kawasaski wird

kurzfristig zur nördlichsten Enduro der Welt. Leider ist auch die 57 Kilometer lange Strecke nach Hammerfest eine Sackgasse (die längste und nördlichste?), und ich reite auf meiner per Superlativ geadelten Maschine wieder zurück.

Die »E6« steigt langsam hinauf in das Samelandet, ein kahles, einsames Gebiet. Das weite, hügelige Gelände liegt zwar nur 385 Meter hoch, aber der Wind, der hier ohne Widerstand über den krautigen Boden streicht, treibt das letzte Quentchen Wärme aus dem Körper. Ein alter Same schlurft mit schweren Schritten am Straßenrand entlang. Das kleine Eimerchen, das er in der Hand hält, ist voll mit Moltebeeren. Ich darf mal probıeren, bleibe aber Blaubeerfan, denn die sind süßer. Der Beerensammler verschwindet in einer schiefen Holzhütte, ich fahre weiter. Das Klima ist mir zu rauh hier oben. Auf dem Weg hinunter nach Alta tauchen die ersten Kiefern auf. Das Buschwerk, das die Hänge überwuchert, wirkt nach den kargen Gebieten im Norden üppig wie ein Dschungel. Hier in Alta liegt übrigens Norwegens größtes Gebiet mit Felsmalereien. Die Elche, Rentiere, Fischfang- und Jagdszenen, die auf die Felsen gezeichnet wurden, sind bis zu

AM LANGFJORDEN STEIGT ALPINE LANDSCHAFT AUS DEM MEER

ES GIBT GERÜCHTE, DASS MANCHE WOCHENLANG IN NEBEL UND REGEN DURCH NORWEGEN FAHREN

NORD-NORWEGEN

6200 Jahre alt. Der Fachmann erstarrt in Ehrfurcht, der unkundige Laien erinnert sich an die Malstunden im Kindergarten.

Am Langfjorden steigt alpine Landschaft aus dem Meer. Schmale Wasserbäche stürzen von den steilen Felswänden. Die letzten Schneereste werden nicht mehr ganz abtauen, bevor der Winter kommt. Links die Berge, rechts das Meer, mogelt sich die »E6« knapp über Normalnull nach Süden. Ich erreiche gerade rechtzeitig die Fähre, die von Olderdalen den Lyngenfjord überquert, bevor der Regen einsetzt. Auf den siebzig Kilometern bis Tromsö, die nochmal durch eine kurze Fähr-

Karibisch: Strand auf Andøya

fahrt unterbrochen werden, bestimmen Nebel, Nieselregen und eine automatische Radarfalle die Geschwindigkeit. Dank des Wetters bin ich zu langsam, um eine unfreiwillige Spende an den norwegischen Staat zu entrichten.

Es gibt Gerüchte, daß manche wochenlang in Nebel und Regen durch Norwegen fahren. Wenn die nach Hause kommen, dann müssen sie einen Bildband kaufen, um zu wissen, wo sie überhaupt waren. Ich brauche keine Ersatzbefriedigung. Als ich am nächsten Morgen mit der Gondel auf den Hausberg von Tromsö fahre, liegt strahlender Sonnenschein über der Stadt. Trom-

NORD-NORWEGEN

sö befindet sich innerhalb eines Gebietes, in dem ein ungewöhnliches Phänomen zu beobachten ist: das Nordlicht, aber leider nicht im Sommer. Wer es live erleben will, muß im Winter kommen, hat aber auch dann keine Garantie, es zu sehen. Die sicherste Möglichkeit ist, ins Nordlicht-Planetarium von Tromsö zu gehen. Zurückgelehnt in einen weichen Sessel, läßt sich hier unter einer halbkugelförmigen Decke eine phantastische Winternacht erleben.

Hinter Tromsö kosten die Stollen der Enduro mal wieder Schotter. Die Sonne ist bereits hinter der Insel Kvaloy verschwunden, aber der goldgelbe Himmel spiegelt sich noch auf dem Rystraumen, einer Meerenge mit ungewöhnlich starker Strömung. Wer jetzt Zeit hat, steht mit der Angel am Ufer und hofft auf ein deftiges Abendessen. Hier ist es einfach, einen traumhaften Zeltplatz zu finden.

Kurz nach Storsteines, wo sich die Berglandschaft in einem klaren See spiegelt, stoße ich wieder auf die »E6«. Sie ist Europas Nord-Süd-Verbindung und reicht von Kirkenes bis Sizilien. Vom Olderfjord über Alta nach Tromsö ist sie sogar die einzige Straßenverbindung zwischen Nord- und Südnorwegen. Obwohl auch die »E6« durch herrliche Landschaften führt, entscheide ich mich bei Andselv für einsamere Straßen und entdecke so einige Schmankerl.

Als ich in Myrlandshaug ankomme, wartet schon die Fähre nach Rolla am Anleger. Daß das Anschlußschiff erst dreieinhalb Stunden später ablegt, erfahre ich erst auf See. Also wird die kleine Insel erkundet. Rolla hat gerade 29 Kilometer Straße, mehr läßt die Felslandschaft nicht zu. Und die sind schnell abgefahren. Langsam stampft die Enduro an gepflegten Bauernhöfen vorbei entlang der Nordküste nach Westen, bis es nicht mehr weitergeht. Ich setze mich auf das weiche, von der heißen Sonne aufgewärmte Moos und begnüge mich damit, über das Meer auf eine Landschaft zu schauen, die ich eher in der Südsee vermutet hätte. Weißer Sandstrand, türkisfarbiges Meer und in der Ferne die wuchtig aus der See steigenden Felsen von Grytöya. Wo gibt's Baströckchen und Blumengirlanden?

Noch weiter draußen sind schemenhaft die Formen der Insel Andöya zu erkennen, meinem nächsten Ziel. An der Westküste Andöyas sind die Ortschaften so klein, daß ich die Häuser im Vorbeifahren zählen kann. Die Straße führt mitten

Abgeebbt: Wasserpflanzen an Andoyas Küste

durch eine kleine Raketenab-
schußbasis, von der Raketen zu
Forschungszwecken abgeschos-
sen werden. Am nördlichsten
Zipfel der Insel liegt die Stadt
Andenes. Sie hat eine der größten Attraktionen Skandinaviens
zu bieten. Von hier aus kann
man sich auf das Meer hinaus-
schippern lassen und Wale beobachten. Davon kann mich nicht
einmal der Schrecken der Seefahrt, die Seekrankheit, abhalten. Die Dame, welche die Tik-
kets austeilt, rät allerdings dazu,
heute besser zwei Tabletten dagegen zu schlucken, es könnte
etwas unruhig werden. In der
Tat: Das Boot pflügt in meterho-
hen Auf- und Abbewegungen
durch die Wellen und schaukelt
nach links und rechts, so daß ich
mich schon mal unauffällig in
der Nähe des Rettungsbootes
postiere. Aber der alte Kapitän
schmaucht lässig sein Pfeifchen
und wirkt so wenig beeindruckt
wie ich von der Sonntagspre-
digt. Plötzlich schreit einer von
der Crew, der oben im schwan-
kenden Mast sitzt, »Wal!« und
deutet nach Westen. Dreißig Au-
genpaare klicken in die ange-
zeigte Richtung, und tatsächlich,

91

NORD-NORWEGEN

**Wal-Heimat: mit dem
alten Mann auf dem Meer**

weit im Westen sprüht im Abstand von zehn, zwanzig Sekunden eine Fontäne in die Luft. Das sieht aus wie ein Springbrunnen bei starkem Wind.

Käpt'n Ahab nimmt Kurs auf ihn, doch Moby Dick stellt die dunkle Schwanzflosse aus dem Wasser und verschwindet. Ein Zeichen, daß er für eine Weile taucht. Noch einige Male geht es so, der Bursche spielt mit uns Katz und Maus. Wir sind schon über vier Stunden draußen, als wieder der Wal-Ruf ertönt. Diesmal erhebt er sich ziemlich nahe am Schiff. **DER RIESIGE, SCHWARZE LEIB MIT DEN GRAUEN UND GOLDENEN FLECKEN LIEGT RUHIG IM WASSER** Der riesige, schwarze Leib mit den grauen und goldenen Flecken liegt ruhig im Wasser, sprüht regelmäßig Fontänen in die Luft und läßt sich durch uns nicht stören. Bis plötzlich, das kennt man ja

schon, die mächtige Schwanzflosse aus dem Wasser taucht, der massige Körper verschwindet und auch die Flosse nach unten wegtaucht. Wasser klatscht zusammen, ein paar Tropfen spritzen durch die Luft, dann ist er verschwunden. Zurück bleiben Faszination und Staunen. Das war übrigens nicht Moby, sondern Oskar, ein achtzehn Meter langer Pottwal, erklärt unser Guide. Oskar kommt seit 1988 jeden Sommer hierher. Er trägt statt eines Nummernschildes eine große Kerbe in der Rückenflosse.

Als ich abends im Schlafsack liege, habe ich immer noch das Bild dieses größten Säugetieres der Welt vor Augen, dessen Leben trotz der Forschung ein Mysterium ist. Und auch das Schwanken des Schiffes hat Nachwirkungen. Als ich die Augen schließe, legt der Zeltboden einen fröhlichen Kasatschok hin. Jetzt könnte ich die Pillen wirklich brauchen.

Die Inselgruppe mit Vesteralen im Norden, Langöya und den Ofoten in der Mitte und den Lofoten im Süden, zählt zu den wildesten Landschaften Norwegens. Verwegen steigen karge Felswände direkt aus dem Meer, Möwen ziehen kreischend ihre Kreise. Die wenigen Flüsse, die von den Bergen plätschern, haben mit ihrem Wasser die Felsen glattgeschliffen.

Als ich kurz hinter Fiskböl frühmorgens das Zelt abbaue, kreist ein mächtiger Vogel über dem Fjord. Ein weißer Kopf auf einem dunklen Körper, und die Enden der Schwingen sind wie Finger abgespreizt. Er fällt plötzlich wie ein Stein vom Himmel, bremst wenige Zentimeter über der Wasseroberfläche, schlägt mit den Fängen ins Wasser und steigt wieder auf. Ätsch, daneben. Auch ein Hvörn, ein Seeadler, braucht Geduld zum Fischen. Er schraubt sich immer höher, verschmilzt mit dem grauen Fels und bleibt verschwunden. Ich warte über eine halbe Stunde, aber der Raubvogel läßt sich nicht mehr blicken. Dann eben nicht. Fröhlich schwingt die Kawa durch die Kurven, immer weiter durch die bizarre Landschaft, über der ein Hauch von Ewigkeit liegt. Trotz ihrer Wildheit wirkt sie irgendwie beruhigend. Eine schmale Teerstraße führt hinunter nach Nusfjord. Der kleine Ort steht auf der Unesco-Liste der erhaltenswerten Kulturgüter der Menschheit. Hoffentlich weiß die das auch zu schützen, die Menschheit, und versaut die ganze Pracht nicht durch hemmungslosen Massentourismus. Bislang jedenfalls bestimmen ein paar rote Fischerhütten, ein Schuppen für die Netze, ein langer Bootssteg und ein alter Laden, in dem Stockfisch, also getrockneter Dorsch, in einem alten Holzfaß auf Käufer wartet, das Ortsbild. Die ganze Ladeneinrichtung ist von anno tobak, wurde noch nie erneuert. Der Verkäufer zeigt stolz die alten Holzregale und öffnet ein paar Schubladen, in denen sich alles findet, was man in einem einfachen Fischerdorf braucht. Bananen und Nägel, Angelhaken und Eis am Stil und eine alte Kasse, die noch wie am ersten Tag funktioniert. Mal gespannt, ob meine Enduro auch so alt wird. Auf dem Weg nach Süden wird der Platz zwischen Fels und Meer immer enger, bis die Straße den letzten Ort erreicht. Der heißt am Südende der Lofoten schlicht und ergreifend Å. Er wirkt wie ausgestorben. Es ist Ende August, die Touristen sind wieder fort und für die Fischer ist jetzt Nebensaison. Richtig was los ist erst wieder im Winter, wenn die Kabeljau-Schwärme aus der kalten Barentsee hierher zum Laichen kommen. Dann ist für die Fischer Hochsaison, und die grauen, hölzernen Trockengestelle, die jetzt wie Skelette an den Ufern stehen, hängen voll mit Kabeljau. Bis dahin ist das hier der A der Welt.

VERWEGEN STEIGEN KARGE FELSWÄNDE DIREKT AUS DEM MEER, MÖWEN ZIEHEN KREISCHEND IHRE KREISE

DER ORT AM SÜDENDE DER LOFOTEN HEISST SCHLICHT UND ERGREIFEND Å

93

INFO NORD-NORWEGEN

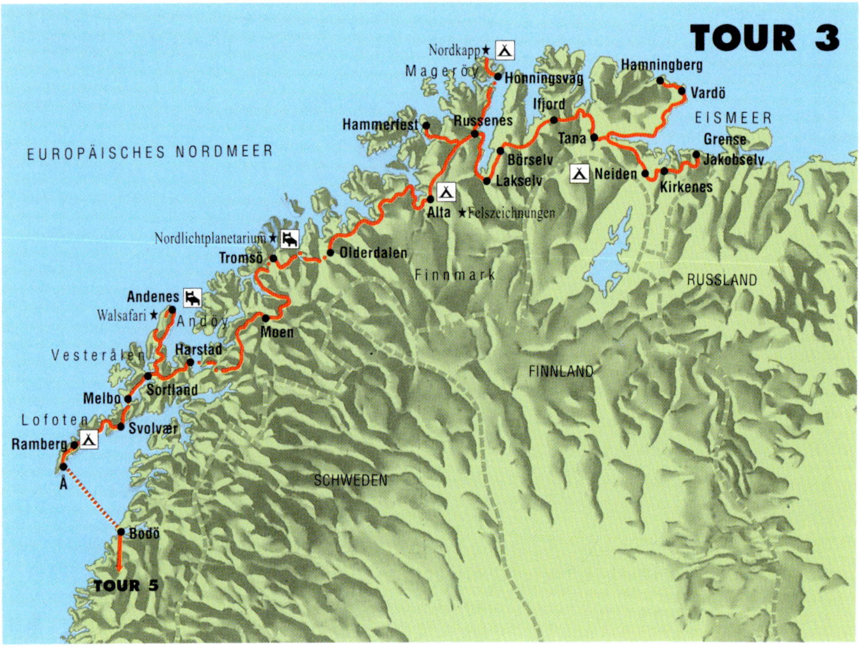

![map]

TOUR 3

Nordkapp ★
Mageröy ● Honningsvåg
Hamningberg
Ifjord ● Vardö
Hammerfest ● Russenes
EISMEER
Grense
Tana ● Jakobselv
Börselv ● Neiden ● Kirkenes
Lakselv ● Kirkenes
Alta ★Felszeichnungen
EUROPÄISCHES NORDMEER
Nordlichtplanetarium ★
Tromsö ● Olderdalen
Finnmark
RUSSLAND
Andenes ●
Walsafari ★ A n d ö y
Vesterålen ● Moen
Harstad ● FINNLAND
Melbu ●
Sortland
Lofoten ● Svolvær
Ramberg ●
Å
SCHWEDEN
Bodö
TOUR 5

Gefahrene Strecke:
etwa 2 600 Kilometer

 Karte:

Euro-Länderkarte,
Skandinavien Nord, 1 : 800 000,
RV-Verlag.

 Route:

Grense Jakobselv – Tårnet –
Kirkenes – Neiden – Gandvik –
Karlebotn – Varangerbotn – Vadsö

– Vardö – Hamningberg – Vadsö –
Varangerbotn – Tanabru – Rustef-
jelbma – Vestertana – Ifjord –
Kunes – Börselv – Lakselv –
Stabbursnes – Olderfjord – Kåfjord
– Honningsvåg – Nordkap –
Honningsvåg – Kåfjord – Older-
fjord – Skaidi – Hammerfest –
Skaidi – Alta – Talvik – Bognelv –
Alteidet – Bufrjord – Sörstraumen
– Sandbukta – Straumfjordnes –
Nordreisa – Langslett – Djupvik –
Olderdalen *(Fähre)* – Lyngseidet –
Kiosen – Svensby *(Fähre)* –

Breivikeidet – Fagernes – Tromsö –
Kvalöysletta – Eidkjosen –
Håköybotn – Larseng *(Fähre)* –
Vikran - Ånsnes – Malangen –
Mestervig – Nordfjordbotn – Stor-
steinnes – Myrhaug – Moen –
Andselv – Solstad – Fossmo –
Bröstadbotn – Björkebakken –
Rubbåsen – Löksebotn – Sjövegan
– Laberg - Tennevoll – Selnes –
Myrlandshaug *(Fähre)* – Ibestad –
Nordrollnes – Ibestad – Sörrollnes
(Fähre) – Harstad – Sandvik –
Revsnes *(Fähre)* – Bogen – Siger-
fjord – Strand – Liland – Mauernes
– Roksöy – Medby – Buksnes –
Bögard – Nöss – Nordmelda –
Stave – Bleik – Andenes – Skar-
stein – Breivik – Myrset – Åse –
Risöyhamn - Buksnes – Medby –
Roksöy – Strand – Sortland – Rise
– Bitterstad – Stockmarknes –
Klakk – Melbu *(Fähre)* – Fiskeböl
– Vestpollen – Helle – Svolvær –
Kabelvåg – Kleppstad – Smorten –
Valberg – Stamsund – Leknes –
Napp – Nusfjord – Flakstad –
Ramberg – Mölnarodden – Reine –
Sörvågen – Å

 Anreise:

Ein langer Weg. Von Hamburg bis
Grense Jakobselv wären es per
Luftlinie schon über 2 000 Kilometer. Am schonendsten für das Sitzfleisch ist die Anfahrt mit der Fähre

von Travemünde nach Helsinki, wo
die Reise dann auf zügig befahr-
baren Straßen hinauf nach Rovaniemi, und am Inari-See entlang
zum Grenzübergang Näätämö führt.
Von dort sind es noch gut hundert
Kilometer bis Grense Jakobselv,
dem letzten norwegischen Küsten-
ort vor der russischen Grenze.

 Fähre:

Fähren von Deutschland nach Finnland: siehe Infokasten Finnland.
Das Nordkap liegt auf der Insel
Mageröya. Die Fähre dorthin verkehrt zwischen Kåfjord und Honningsvåg. Sie legt die 45 Minuten
lange Strecke während der
Sommersaison, von Anfang Juni
bis Mitte August, mindestens elf-
mal täglich zurück. Kosten für eine
Person und ein Motorrad 49 norwegische Kronen (NOK) für die
einfache Überfahrt. Die Kurzfähren
Olderdalen – Lyngseidet, Svensby
– Breivikeidet, Larseng – Vikran,
Myrlandshaug – Ibestad, Sörollnes
– Harstad, Revsnes – Bogen und
Melbu – Fiskeböl verkehren ebenfalls mehrmals pro Tag. Diese Fahr-
zeug-Fähren, die oft nur 10 bis 15
Minuten unterwegs sind, kosten nur
ein paar Mark und sparen oft
beträchtliche Umwege. Allein die
beiden Passagen zwischen Olderdalen und Tromsö verkürzen die

INFO NORD-NORWEGEN

Kurz und bündig: der südlichste Ort auf den Lofoten

Fahrstrecke um 125 Kilometer. Die Überfahrt von Moskenes auf den Lofoten zurück zum Festland nach Bodö kostet für ein Motorrad und eine Person 171 NOK und dauert gut fünf Stunden. Abfahrt ist täglich zweimal, jeweils vormittags und abends, montags nur einmal am Vormittag. Vorbuchung ist für Motorräder normalerweise nicht nötig, aber über Telefon 94 80 31 15 auch kurzfristig möglich.

 Übernachten:

Norwegen ist ein teures Pflaster, ganz besonders wenn es um Hotelbetten geht. Doppelzimmer kosten ab 140 Mark. Etwas billiger sind Motels, Gastwirtschaften und Pensionen. Für kleine Gruppen eignen sich Hytter (Campinghütten) oder Rorbuer (ehemalige Fischerhütten), die für zwei bis sechs Personen ausgelegt sind. Der durchschnitt-

liche Preis für eine komplette Hütte mit vier Betten liegt bei 60 bis 100 Mark. Die Hütten sind beheizbar und haben Kochgelegenheit. Bettwäsche (Schlafsack) muß mitgebracht werden. Jugendherbergen, die in Norwegen »Vandrerhjem« heißen, unterliegen keiner Altersbeschränkung und sind das richtige für den schmalen Geldbeutel. Sie kosten ab 13 Mark pro Bett. Einige Vandrerhjem bieten auch günstige Doppelzimmer an.

Jugendherbergen:
● Tromsö Vandrerhjem, Elverhöy Gitta Jönssonsvei 4, 9000 Tromsö, Telefon: 77 68 53 19.

● Andenes Vandrerhjem, Lankanholmen, 8480 Andenes, Telefon: 76 84 28 50.

Camping:
Die meistgenutzte Übernachtungsmöglichkeit in Norwegen ist das Zelt. Neben vielen Campingplätzen erlaubt das ungeschriebene Jedermannsrecht, sich selbst einen Zeltplatz in traumhafter Lage auszugucken. Da aber die hochempfindliche Vegetation im Norden selbst bei geringen Schäden jahrelang braucht, um sich wieder zu erholen, darf dieses Recht nur mit der entsprechenden Umsicht genutzt werden.

INFO NORD-NORWEGEN

● Neidefoss Camping,
9930 Neiden,
Telefon: 78 99 62 03.
Vermietet auch Campinghütten.

● Nordkap
Camping/Vandrerhjem,
9751 Honningsvåg,
Telefon: 78 47 51 13.
Campingplatz und Jugend-
herberge auf der Nordkap-Insel
Mageröya.

● Alta Strand
Camping & Apartment,
9500 Alta,
Telefon: 78 43 40 22.
Campinghütten, Sauna.

●/●● Ramberg Kroog
Camping,
8380 Ramberg,
Telefon: 76 09 35 00.
Campingplatz an einer »Südsee-
bucht« mit weißem Traumstrand
auf den Lofoten.
Vermietet auch Campinghütten.

●● Rorbuer/Fischerhütten,
Nusfjord A/S,
8380 Ramberg,
Telefon: 76 09 33 70.
Fischerhütten im idyllisch
gelegenen Nusfjord.
Während der Hauptsaison
unbedingt vorbuchen.

 Gastronomie:

Bei den norwegischen Restaurant-
preisen ist der eigene Herd wirklich
Gold wert. Die Campinghütten,
Fischerhütten, Jugendherbergen
und Zeltplätze haben alle eine
Kochgelegenheit. Trotzdem sollte
man es nicht versäumen, sich in
einem der Restaurants frischen
Lachs auftischen zu lassen, der im
Vergleich zu Fleischgerichten
relativ erschwinglich ist. Eine
Besonderheit des Nordens ist der
Stockfisch, eine Dorschart, die zur
Haltbarmachung an der Luft
getrocknet wird. Das Angeln im
Meer ist für jedermann kostenlos
und ohne jegliche Lizenz erlaubt.

 Reisezeit:

Ohne den Golfstrom läge Norwegen unter einer Eisdecke. Aber
so fallen die durchschnittlichen
Temperaturen auf den Lofoten
selbst im Januar nicht unter minus
ein Grad. Von Ende Juni bis Mitte
August steigt das Thermometer bis
auf 25 Grad, in Ausnahmefällen
sogar bis 30 Grad. Regenärmster
Monat ist der Juni. Die Finnmark
ist im Durchschnitt etwas trockener
als die westlichen Küstengebiete.

INFO NORD-NORWEGEN

 Enduro:

Die gefahrene Route führt über einige ungeteerte Wege, die aber mit jedem Motorrad problemlos befahrbar sind.

 Sehenswert:

Meistbesuchter und gleichzeitig umstrittenster Ort ist das Nordkap, dessen erhoffte Einsamkeit während der Hauptreisezeit oft mit einigen tausend Besuchern geteilt werden muß.
Bei der ersten Norwegenreise fährt man trotzdem hin.
Im Museum von Alta zeugen bis zu 6000 Jahre alte Felszeichnungen von früher Besiedlung; das Nordlichtplanetarium in Tromsö gibt Einblick in das faszinierende Phänomen Polarlicht; das idyllisch gelegene Nusfjord, ein kleines Fischerdorf auf den Lofoten, wurde von der Unesco als erhaltenswertes Kulturgut eingestuft; mit etwas Glück kann man in der Finnmark eine Rentierscheide beobachten. Die Mitternachtssonne ist am Nordkap von 11. Mai bis 31. Juli, und auf Vesterålen vom 24. Mai bis 24. Juli zu sehen.

 Aktivitäten:

In Andenes auf Vesterålen bieten Walforscher für etwa 150 Mark an, mit auf das offene Meer hinauszufahren, um Wale zu beobachten. Info: Hvalsafari AS,
Andöykontoret,
Postbox 58,
8480 Andenes,
Telefon: 76 14 26 11.
In Å, am Südende der Lofoten, nehmen Berufsfischer Touristen für einen Tag mit auf Tour.
Info: Touristeninformation Moskenes,
8392 Sörvågen,
Tel.: 76 09 15 99.

 Extra-Tip:

Extra-Warnung: So freundlich die Norweger im normalen Leben auch sein mögen, bei Geschwindigkeitsüberschreitungen und Alkohol am Steuer hat der Spaß ein Ende. Die Palette der Sanktionen reicht von haarigen Geldstrafen bis zur Gefängnishaft. Die Alkoholgrenze liegt bei 0,5 Promille, die erlaubte Höchstgeschwindigkeit außerhalb geschlossener Ortschaften bei 80 km/h.

Wal-Plakat: Kurz-Unterricht für Walbeobachter

INFO NORD-NORWEGEN

![Fjord landscape photo]

Toplage: Zeltplatz über dem Altafjord

 Tanken:

Ob verbleit oder bleifrei,
Zapfstellen sind ausreichend
vorhanden.
Wüstenfässer sind nicht nötig,
eine normale Tankreichweite
genügt.

 Werkstatt:

Motorradwerkstätten sind im Norden
äußerst selten. Und selbst dort sind
einfache Ersatzteile wie Kette,
Reifen oder Bremsbeläge kaum zu
bekommen. Fast alles muß in Oslo
bestellt werden und braucht drei bis
fünf Tage, bis es eintrifft. Die Preise
für Ersatzteile sind im Vergleich zu
hier 50 bis 100 Prozent höher. Wo am
ehesten etwas aufzutreiben ist,
wissen einheimische Motorradfahrer.

mal einen Bick hineinzuwerfen. Auch für Biker ganz brauchbar und brandaktuell ist Hartwig Kremsers Führer »Wohnmobil-Touren Norwegen« aus dem Pietsch-Verlag. Die 42 Märker sind gut angelegt.

 Adressen:

Norwegisches
Fremdenverkehrsamt,
Mundsburger Damm 27,
22087 Hamburg,
Telefon: 0 40/22 710810
Fremdenverkehrsamt Finnmark,
Finnmark Opplevelseras,
Postboks 1223,
N-9501 Alta,
Telefon: 78 43 54 44
AS Grenseland,
Postboks 8,
N-9901 Kirkenes,
Telefon: 78 99 25 01
Nordkapp Reiseliv,
Postboks 34,
N-9750 Honningsvåg,
Telefon: 78 47 25 99

 Literatur:

Sehenswert, informativ und für 14,80 Mark zudem sehr günstig ist das offizielle Reisehandbuch Norwegen, das vom Norwegischen Fremdenverkehrsamt jedes Jahr neu herausgegeben wird.
Buchers Reisebegleiter »Lofoten« beschäftigt sich ausschließlich und damit etwas eingehender mit der gleichnamigen Inselgruppe. Vor allem die Fotografien sind es wert,

Telefon:

Von Deutschland nach Norwegen: 00 47/achtstellige Teilnehmernummer.
Von Norwegen nach Deutschland: 0 95 49/Vorwahl, ohne die erste Zahl/Teilnehmernummer.

SCHWEDEN-HAPPEN

Der südöstliche Teil von Schwedisch-Lappland hat zwar keine
atemberaubenden Höhepunkte zu bieten, verzaubert
aber durch endlose Wälder, Moorgebiete und Tundren. Im Norden und
vor allem westlich von Narvik, im Abisko Nationalpark,
finden sich einsame Wandergebiete und faszinierende Berglandschaften.

Naturgewalt: wildester Wasserfall im Norden Schwedens

NORD-SCHWEDEN

Riksgränse Sverige« steht auf der einsamen blauen Tafel und das dreieckige Schild, das vor trödelnden Rentieren warnt, hat anstelle des weißen einen gelben Hintergrund. Das ist aber auch alles, was darauf hindeutet, daß ich von Norwegen über die Grenze nach Schweden gefahren bin. Was Mittel- und Südeuropa gerade einführt, ist in Skandinavien längst Alltag: Offene Grenzen. Halt, und noch etwas hat sich geändert: Der Himmel wechselt von trübem Grau zu strahlendem Blau. Naja, zumindest tut sich kurz nach der Paßhöhe hinter dem norwegischen Junkerdalen ein blaues Loch in der Wolkendecke auf. Trotzdem weigert sich das Thermometer standhaft, über die Acht-Grad-Marke zu klettern. Noch drei Ta-

Drollig: Troll am Ortseingang von Kataselet

ge, dann steht September auf dem Kalenderblatt. Die Sonne wird es wohl nicht mehr schaffen, die letzten Schneereste auf den Fjells, den von der Erosion kahlgeschliffenen Felskuppen, abzutauen. In den Birkenkronen nestelt bereits der Herbst und am Straßenrand stehen mannshohe Markierungspfosten bereit, um nach dem ersten Schneefall den Verlauf der Straße anzuzeigen. Hoffentlich brauche ich sie nicht.

Waldhaus: auf dem Weg nach Grönbo

Ab und zu stehen einige Hütten an einem der zahlreichen Seen, ansonsten gibt es nur Wald und Wasser. Und weil die Straße durch diese einsame Landschaft nicht für Motorräder geschaffen wurde, sondern nur, um möglichst einfach von A nach B zu kommen, ist sie etwas eintönig geraten. Es ist schon eine willkommene Abwechslung, wenn der Teer mal die Farbe wechselt. Das Sitzfleisch wandert von der linken Hälfte auf die rechte und wieder zurück, und würde jetzt die Polizei kontrollieren, ich wäre ein Fall für das Blasröhrchen. Wer fährt schon nüchtern so ausgeprägte Schlangenlinien.

An einem kleinen See halte ich an, stelle den Motor ab, hänge den Helm über den Spiegel und setze mich auf einen grauen Felsblock. Es ist absolut still, nur das eigene Atmen ist zu hören. Das gegenüberliegende Ufer spiegelt sich im See und

DIE SONNE WIRD ES WOHL NICHT MEHR SCHAFFEN, DIE LETZTEN SCHNEERESTE WEGZUTAUEN

105

NORD-SCHWEDEN

wird nur unterbrochen, wenn ein Fisch nach Futter schnappt und sich schillernde Kreise über die Wasseroberfläche ausbreiten.

DAS SITZFLEISCH WANDERT VON DER LINKEN AUF DIE RECHTE SEITE UND WIEDER ZURÜCK

So in Gedanken versunken, beschließe ich dem Sinn des Wanderns auf die Spur zu kommen. Südlich von Jäkkvik befindet sich der Pieljekaise Nationalpark, gerade recht für den ersten Selbstversuch in Sachen Wildnis und Wade. Der gerade Weg ist der kürzeste. Was dem eingefleischten Bundhosenträger den Almdudler in der Feldflasche gefrieren ließe, ist mir gerade recht. Ich stelle das Motorrad am Lifthäuschen von Jäkkvik's Skiberg ab und laufe schnurstracks in der Liftspur nach oben. Da ist Verlaufen schon mal ausgeschlossen. Ich muß bald feststellen – und das kommt nicht ganz überraschend –, daß zwischen Motorradfahren und Wandern ein Unterschied besteht. Beschränkt sich beim Fahren die Gymnastik gerade mal auf das rechte Handgelenk, beginnen beim Aufstieg am steilen Hang schon nach 200 Metern die Waden zu zwicken, die Knie werden wackelig und die Herzfrequenz läuft im roten Bereich.

Trotzdem, aus dreißig Minuten, die eingeplant waren, werden vier Stunden. Der letzte

Berauschend: Nebenlauf des Storforsen

Mast des Liftes ist gerade hinter mir, als hinter einer Kuppe die nächste Anhöhe auftaucht. Mit den Höhenmetern ist das so ähnlich wie mit den Kurven, man kriegt nie genug. Die komfortable Liftspur ist zu Ende. Ich stapfe über weiches Moos, durchquere ein sumpfiges Hochmoor und steige über graugrüne, von Flechten überzogene Felsplatten nach oben. Die Baumgrenze ist längst unter mir, als ich endlich eine ungehinderte Rundumsicht genieße. Der über einhundert Kilometer lange Hornavansee ist im Norden fast in seiner ganzen Länge zu überblicken, weit im Westen glänzen die schneebedeckten Fjells an der Riksgränse zu Norwegen. Wohin ich mich auch drehe, überall nur Wald und Einsamkeit. Einfach schön. Und noch schöner, wenn jetzt schon der verflixte Abstieg geschafft wäre. Nach 120 Kilometern auf der »95« kommt endlich eine erlösende Abzweigung, die nach Laisvall führt. Dort, tief in der Erde verbuddelt, findet sich der eigentliche Reichtum der Region, und der ist auch der Grund dafür, daß es hier überhaupt eine, wenn auch öde, Straße gibt. Norrbottens Län ist nämlich reich an Bodenschätzen und in Laisvall befindet sich das

DIE BAUMGRENZE IST LÄNGST UNTER MIR UND ICH HABE EINE UNGEHINDERTE RUNDUMSICHT

Dundret-Blick: Hausberg von Gallivare

NORD-SCHWEDEN

größte Bleibergwerk Europas. Die Mine ist zu besichtigen, aber ein Arbeiter, der gerade aus dem Werk kommt, erklärt mir in überraschend perfektem Deutsch, daß die Führungen nur bis Ende Juli stattfinden. Ich bin zu spät dran und muß mich mit den paar Fotos begnügen, die am Eingang hängen. Und die machen Appetit. Die Trucks, die auf den Bildern zu sehen sind, wirken in den riesigen Stollen bestenfalls wie Spielzeug. Eine Fahrt durch die Mine muß beeindruckend sein.

OFT BEGLICHEN DIE SAMEN IHRE ARZTRECHNUNGEN MIT SILBERSCHMUCK

Der Arzt Einar Wallquist, der bis 1985 in Arjeplog lebte, hatte schon in den 20er Jahren begonnen, Gegenstände zu sammeln, die damals bei der samischen Bevölkerung in Gebrauch waren. Oft wurde damit, vor allem mit silbernem Schmuck, die Arztrechnung beglichen. So kam Arjeplog zu einer Sammlung, die getrost als nordschwedisches Nationalmuseum bezeichnet werden darf. Da ist ein Kühlschrank, der ohne Strom funktioniert. Alte Feuersteinflinten hängen an der Wand und Hunderte von Gegenständen und Arbeitsgeräten, die von den Samen bei deren Wanderungen mit den Rentierherden benutzt worden waren, bieten einen Überblick über die nordschwedische Lebensweise während der letzten

HEJ HEISST SO VIEL WIE HALLO. ES IST DAS SCHWEDISCHE GRUSSWORT

einhundert Jahre. Ein einfacher Glaskrug ist gefüllt mit fünf Kilogramm in kleine Perlen aus geschmolzenem Silber aus dem Bleibergwerk in Laisvall.

Wenn die Straßen schon keine Schräglagen erfordern, dann soll wenigstens der Belag zur Enduro passen. Die dünne rote Linie, die in der Karte am Byskeälven entlang hinunter zum

108

Giftig: haushoher Fliegenpilz

Bottnischen Meerbusen führt, ist durchgehend mit einem grünen Band gekennzeichnet. »Landschaftlich besonders reizvoll« steht dazu in der Kartenlegende. Und die rote Linie ist als Fahrweg deklariert, was will ich also mehr. Achtzig Kilometer Sand und Schotter liegen vor mir, gewürzt mit wenig Sonne und viel Regen. Hier haben so gar Gehöfte ein eigenes Ortsschild. Einer der winzigen Orte heißt einfach Hej. Und genau das bedeutet es auch, die Kate ist tatsächlich nach dem schwedischen Grußwort benannt. Selbst hier zwischen Wald und Schotter sind Haus und Garten geschniegelt, als gelte es einen Schönheitswettbewerb zu gewinnen. Wahrscheinlich wird je-

109

NORD-SCHWEDEN

Aufsteiger: Bergfahrt zum Dundret

dem Schweden Pinsel und Farb-
töpchen schon in die Wiege ge-
legt.

Es dämmert schon, als ich in
Byske ankomme und mich in
einer Campinghütte einquartie-
re, weil der Wetterbericht für
die Nacht Frost angesagt hat.
Als abends der Mond am inzwischen wieder klaren Horizont
auftaucht, steht das Thermometer auf vier Grad. Was habe ich
doch für ein Glück mit dem
Wetter, letztes Jahr um diese
Zeit, so erzählt der Camping-
platz-Boß, fiel bereits der erste
Schnee.

In Städten oder Siedlungen zu
leben war in Lappland lange
Zeit die Ausnahme. Nur während großer Feste, Märkte oder
Kirchenfeiertage trafen sich die
Samen an bestimmten Orten,
meist dort wo eine Kirche stand.
Weil viele so weite und be-
schwerliche Wege durch die
dichten Wälder hatten, daß An-
und Rückreise an einem Tag
nicht zu bewältigen waren, entstanden um die Kirchen herum
ganze Holzhaussiedlungen, die
nur an diesen besonderen Tagen
genutzt wurden. Einige Kilometer nordwestlich von Piteå, in
Öjebyn, befindet sich noch ein
solches Kirchdorf. Schwere
dunkle Holzhäuser belagern die
Kirche, die Fenster sind mit dik-
ken Läden verschlossen. Einzig

EINZIG DIE ASPHALTIERTE STRASSE IST ZUGESTÄNDNIS AN DIE NEUZEIT

EIN UM DIE ECKE FEGENDER SCHWEDE IM VOLVO VERSETZT MIR EINEN KRÄFTIGEN ADRENALINSTOSS

Gastfreundlich: schwedische Extrem-Chopperfahrer

NORD-SCHWEDEN

Aufgegabelt: Familientreffen der Nordlichter

die asphaltierte Straße ist ein Zugeständnis an die neue Zeit.

Von Öjebyn führt die »96« über Arvidsjaur hinauf zum Storforsen, laut Tourist-Büro der wildeste Wasserfall des Nordens. Durch die starken Regenfälle der letzten Tage wütet der weißschäumende Geselle besonders heftig. Nebelspeiend tosen die Wassermassen über gewaltige Felsbrocken ins Tal. Im alten Flußbett zeigt sich deutlich, welche Kräfte im Wasser stekken. Sandhaltige Wasserstrudel haben in den blanken Fels fast

In Vidsel geht es links ab, vom Tal des Piteälven in das Tal des Luleälven. Die Sand- und Schotterpiste durch den dunklen Tann ist richtig beschaulich, und nach wenigen Kilometern auf dem groben Schotter habe ich mich an das Gefühl gewöhnt, wie auf Eiern zu fahren. Nur als plötzlich ein Schwede in seinem Volvo überraschend um die Kurve brettert, als gelte es, die Rallye-Weltmeisterschaft zu gewinnen, werde ich durch einen kräftigen Adrenalinstoß aus meinen tiefen Gedanken über Sinn und Unsinn gerader Straßen gerissen.

DIE JUNGS FAHREN ALLE HARTE CHOPPER, DIE IN MEHRJÄHRIGER ARBEIT ENTSTANDEN SIND

Am breiten Luleälven entlang und dazu passend in strömendem Regen erreiche ich Luleå an der Sonnenküste Schwedens. Eine Bezeichnung, die ab Au-

kreisrunde Löcher gebohrt, die bis zu einem Meter tief sind. Hier am Storforsen kommen die Vorteile des Spättouristen voll zum tragen. Von den 150 000 Touristen, die jährlich hierherkommen, ist nur ein einziger da, und das bin ich.

Hochbetrieb: der Bahnhof von Rensjön

115

NORD-SCHWEDEN

ICH VERSTEHE
JETZT, WARUM
DIE SCHWEDEN
WÄHREND DES
KURZEN
SOMMERS SO
AUFGEKRATZT
SIND

gust nicht mehr so verbissen ernst genommen werden darf. Ein Glück, daß ich auf einige Mitglieder des Motorradclubs Aurora-Choppers-Luleå, treffe. Sie wissen noch nicht mal meinen Namen, da bin ich auch schon in ihr Clubhaus zum Übernachten eingeladen und habe ein kühles Bier in der Hand. Motorradfahren in Schweden, davon habe ich mich ja selbst schon überzeugt, folgt anderen Gesetzmäßigkeiten als zuhause. Die Motorräder der Aurora-

Choppers sind die logische Antwort auf die geraden Straßen und die locker gehandhabten TÜV-Bestimmungen. Die Jungs fahren alle harte Chopper, die oft in mehrjähriger Eigenarbeit entstanden sind. Diese Wikinger sind wirklich hart im Nehmen, Peter Fonda hätte seine helle Freude daran. Aus der einen Nacht, die ich bleiben wollte, wird ein ganzes Wochenende, inklusive Party. Als ich am Montagmorgen, leicht verkatert, wieder auf den Bock steige, ist

Natur pur: schneebedeckte Berge im Abisko-Nationalpark

es lausig kalt, es gießt in einer Tour und ich würde mich nicht wundern, wenn der Regen demnächst in Schnee übergeht. Ich bin sauer, wollte ich doch die nächsten 200 Kilometer auf einsamen Sandpisten quer durch die Wälder nach Gällivare fahren. Aber es ist so ekelhaft naßkalt, daß ich mich für die schnellere Asphaltstrecke entscheide. Selbst die dicken Handschuhe helfen nicht und so stehe ich nun alle fünfzehn Kilometer wie eine Windmühle am Straßenrand und versuche, durch wildes Armschwingen wieder etwas warmes Blut in die Finger zu jagen. Irgendwie kann ich jetzt verstehen, warum die Schweden während des kurzen, aber warmen Sommers so aufgekratzt sind. Erst bei Vuollerim hört der Regen auf.

Damals sei es hier etwas wärmer gewesen, meint der Archäologe, der in Vuollerim versucht, aus den Resten einer 6 000 Jahre alten Siedlung die Lebensbedingungen und die Lebensweise von damals zu rekonstruieren. Aufgrund von Löchern und Gräben im Boden wurde sogar ein intelligentes Heizungssystem nachgebaut, das ein großes Zelt aus Holzstangen und Elchfellen beheizt, aber im Zeltinneren absolut rauchfrei bleibt. Das Restaurant daneben bereitet Mahl-

Getarnt:
Jäger im Abisko-Nationalpark

zeiten auf Stein zeitart zu. Dabei wird Fleisch in Birkenrinde eingewickelt und mit heißen Steinen im Boden vergraben. Nach einer Stunde ist die Mahlzeit fertig. Schmeckt hervorragend. Ein weiterer Plausch mit dem Archäologen bringt mein steinzeitliches Weltbild vollends ins Wanken: Die Menschen hatten anderes zu tun, als grunzend durch die Gegend zu ziehen und sich mit der Keule gegenseitig die Schädel einzuschlagen. Viel eher versuchten sie wohl, sich das Leben möglichst angenehm zu gestalten. Und genau das ist auch mein Gedanke, als ich vor

HIER IRGENDWO BEGINNT DAS WAHRE LAPP-LAND, DIE LETZTE GROSSE WILDNIS EUROPAS

NORD-SCHWEDEN

Kälte zitternd in Gällivare eintreffe, um dort in einer kleinen Hütte der Jugendherberge den Tag im Warmen ausklingen zu lassen.

Die kalte Nacht hat das Land mit einer glitzernden Frostschicht überzogen und ich muß erstmal das Eis von der Sitzbank kratzen, bevor ich auf den Dundret, Gällivares Hausberg fahren kann. Hier oben liegt bereits der

Wollust: Wollgras im Nationalpark

erste Schnee. Was vom Gipfel aus ringsum zu sehen ist, soll ein Zehntel der Fläche Schwedens sein, so weit reicht der Blick über die Wald- und Tundragebiete. Hier irgendwo beginnt das wahre Lappland, die letzte große Wildnis Europas. Auf stetig ansteigender Straße geht es hinauf nach Kiruna, in die Torne Lappmark. Kiruna ist der Fläche nach Europas größte

119

Kalt, aber schön: Straße nach Tornehamn

NORD-SCHWEDEN

Entgleiste Kunst: Maler in Abisko

Stadt, wovon bei der Ankunft aber nicht viel zu sehen ist. Der weitaus größte Teil der Stadtbewohner sind Fichten, Kiefern und Birken. Der kleine Pulk an Häusern hat gerade mal die Größe einer Kleinstadt. Von Kirunas Skiberg Luossavaara, auf den eine endurogerechte Schotterpiste führt, ist alles zu überblicken. Auch die Lebensader der Stadt, die Eisenerzmine, die zwar nicht schön ist, aber durch ihre Größe immerhin einen gewissen Eindruck schindet: ein schwarzer Klotz mit über 500 unterirdischen Kilometern Stra-

ße, die bis in 1000 Meter Tiefe hinunterreichen. Noch vor wenigen Jahren war in Kiruna Endstation, nur die Erz-Eisenbahn rasselte von hier hinüber ins norwegische Narvik, weil Schweden im Winter keinen eisfreien Hafen besitzt. Inzwischen geht es auch per Straße weiter.

Kaum ist das letzte Haus Kirunas im Rückspiegel verschwunden, breitet sich links und rechts der Straße schon wieder unwegsame Wildnis aus. Endlich bricht auch die Sonne wieder durch die Wolken. Genau im richtigen Augenblick. Die

Schweden-Zwitter: Chenduro oder Endopper

Panoramen im Abisko-National-park werden mit jedem Kilometer, der mich näher zur norwegischen Grenze bringt, überwältigender. In den eiskalten Seen spiegeln sich schneebedeckte Gipfel und goldfarbenes Birkenlaub. Die von Moosen, Flechten und allerlei zähem Gewächs überzogenen Hochflächen wandeln ihr Sommergrün in ein Meer von Ockerfarben. In dieser Landschaft mischen sich Traum und Wirklichkeit. Ich stelle das Motorrad ab, steige über weiche Moosböden auf einen Hügel, lasse die Stille auf mich wirken, spüre den kalten Wind im Gesicht und sauge mit den Augen die unwirkliche Landschaft in mich hinein. Das sind die Augenblicke, die all den Regen, die klammen Finger und die viel zu geraden Straßen vergessen lassen, Augenblicke in denen Begriffe wie Zeit nicht mehr existieren. Erst das Rattern der Erzbahn, die mit fünfzig Waggons im Schlepp durch das wirre Birkengestrüpp donnert, reißt mich wieder zurück in die Wirklichkeit. Doch die hat ja auch ihre Reize, wenn auch nur zwei Räder.

IN DEN EIS-KALTEN SEEN SPIEGELN SICH SCHNEEBE-DECKTE GIPFEL UND GOLD-FARBENES BIRKENLAUB

123

INFO NORD-SCHWEDEN

TOUR 4

FINNLAND

TOUR 3
TOUR 5
Riksgränsen

🏨 Abisko
★ Abisko-
Nationalpark

NORWEGEN

▲Kebnekaise

98

▲Luossavaara

🏨 Kiruna
Erzbergwerk ★

Skaulo

N o r r b o t t e n

Gällivare

🏨 ▲Dundret

SCHWEDEN

88

TOUR 5

Jokkmokk

Vuollerim
★ Steinzeitleben

Jäkkvik

Pieljekaise-
Nationalpark★

97

Hornavansee

★ Silbermuseum

Bodträskfors

Laisvall ●
Bleimine ★

Arjeplog ⚠

Boden

⚠ Bredsel
Wasserfall Storforsen★

95

374

Älvsbyn

Luleå

Arvidsjaur

Abborrträsk

96

Piteå

Siksjön ·······

Myrheden

BOTTNISCHER
MEERBUSEN

🎿

E4

Byske 🏨

Sellefteå

Gefahrene Strecke:
etwa 1800 Kilometer

124

INFO NORD-SCHWEDEN

 Karte:

Euro-Länderkarte,
Skandinavien Nord, 1: 800 000,
RV-Verlag.

 Route:

Junkerdalen – Jäkkvik – Jutis –
Laisvall – Båtsjaur – Arjeplog –
Baktåive – Arvidsjaur – Abborr-

träsk – Myrheden – Åselet –
Grönbo – Fällfors – Seled – Byske
– Skellefteå – Byske – Piteå –
Öjebyn – Bölebyn – Stridholm –
Nördbyn – Ned. Tväråselet –
Öv. Tväråselet – Vidsel – Bredsel –
Storeforsen – Bredsel – Vidsel –
Hapträsk – Bodträskfors – Södra
Harads – Södra Bredåker – Deger-
bäken – Boden – Lulea – Boden –
N.Bredaker – Edefors – Haras –
Vuollerim – Jokkmokk – Porius –
Gällivare – Skaulo – Kiruna –
Torneträsk – Abisko – Riksgränsen

Überschaubar: Museum von Pitea

INFO NORD-SCHWEDEN

 Übernachten:

Die Küste um Piteå am Bottnischen Meerbusen ist die Sonnenküste Schwedens, das dünnbesiedelte Hinterland bis hinauf zur norwegischen Grenze ist das Land der Wanderer. Entsprechend gibt es viele Campingplätze, Campinghütten (ab 150 schwedische Kronen), Jugendherbergen (84 bis 100 SEK) und Wanderer-Camps.

Jugendherbergen/Camps:
● STF Vandrarhem,
Barnhemsv. 2,
98222 Gällivare,
Telefon: 0970/14380.

● Kiruna Yellow House,
Hantverkaregatan 25,
98134 Kiruna.
JH-Betten und günstige Zwei- bis Vierbettzimmer.

● Camp Abisko,
Gerthrud Willmann,
Box 71,
98024 Abisko,
Telefon: 0980/40148.
Camp am Abisko-Nationalpark, Übernachtung in preisgünstigen Vierbettzimmern, Sauna.

Hotel:
● ● ● Byske Gästgivargård,
Hotelgatan 6,
93047 Byske,
Telefon: 0912/11230.

Camping:
Natürlich gilt auch in Nordschweden das Jedermannsrecht, wodurch das Zelt problemlos an einem der zahlreichen Seen aufgestellt werden kann.

● /● ● Kraja Fritidsanlägning,
93090 Arjeplog,
Telefon: 0961/11200.
Sauna, Campinghütten.

● Storforsens Camping,
94045 Vedsel/Bredsel,
Telefon: 0929/31049.
Campinghütten, Sauna.
Liegt am Wasserfall Storforsen.

 Gastronomie:

Im Land der Samen und Rentierzüchter gehört auf jeden Fall mal Rentier-Geschnetzeltes auf den Tisch. Seit die schwedische Krone um mehr als ein Drittel abgewertet wurde, kann das auch im Restaurant gegessen werden, ohne den totalen finanziellen Ruin heraufzubeschwören. Für 55 bis 90 schwedische Kronen bieten auch bessere Restaurants um die Mittagszeit ein günstiges Menü an, bei dem oft ein Salatbuffet, alkoholfreie Getränke und Kaffee inbegriffen sind. Günstig sind auch die Pizzerias, die es inzwischen in fast jedem größeren Ort gibt.

INFO NORD-SCHWEDEN

 Reisezeit:

 Sehenswert:

Dank der Berge im Westen finden nicht zu viele Wolken den Weg bis zum Bottnischen Meerbusen. Die dortige Küstenregion zählt innerhalb Schwedens die meisten Sonnenstunden im Jahr. Der Schnee hält sich im Westen Norrbottens zum Teil bis Anfang Juni. Ab Mitte August kann es bereits wieder empfindlich kalt werden. Der Juli und die erste Augusthälfte sind die besten Reisewochen. Andererseits beginnt im Nordwesten Anfang September ein extrem farbenprächtiger Herbst.

Das Silbermuseum in Arjeplog, die Bleimine in Laisvall, der Wasserfall Storforsen, Steinzeitleben in Vuollerim, Bergwerksbesichtigung im Eisenerzbergwerk von Kiruna (Info: Touristbüro Kiruna) und ein aufwendiger Diavortrag über die Landschaften Schwedisch-Lapplands von Sven Hörnel in Riksgränsen, bei dem mehr als 20 Diaprojektoren im Einsatz sind. Anfahrbare Aussichtspunkte: In Gällivare der Gipfel des Dundret, in Kiruna der Hausberg Luossavaara.

Glanzstück: Orgelpfeifen in Kirunas Kirche

INFO NORD-SCHWEDEN

![Hütte im Wald bei Dämmerung mit Motorrad davor]

Stille, statt Fernsehen: Hütte in Byske

 Naturpark:

Im Abisko-Nationalpark an der Grenze zu Norwegen steht Schwedens höchster Berg, der Kebnekaise mit 2 111 Metern. Um einen Teil dieser schönsten und wildesten Landschaft Schwedens auf dem Kungsleden, dem Königspfad, zu erwandern, eignet sich Abisko am Torneträsksee als Ausgangspunkt.

Aktivitäten:

Rafting auf dem Luleälven oberhalb des Storforsen, zweieinhalb Stunden kosten etwa 250 SEK, Info: Storforsens Turistinformation, Storforsen, 94285 Älvsbyn, Telefon: 0929/31091.

 Extra-Tip:

Wer eventuell technische oder auch sonstige Probleme hat, oder einfach Kontakt zu schwedischen Motorradfahrern sucht, soll sich ruhig an einen der Motorradclubs wenden, die es in den meisten größeren Orten gibt. Die wildesten Kerle auf den lautesten Choppern sind oft die nettesten Typen. Im Notfall kann auch mal in deren Clubhaus übernachtet werden.

 Motorrad-Museum:

Im Oldtimermuseum von Skelefteå gibt es neben Motorrad-Veteranen auch eine der besten Sammlungen alter Musikboxen, die alle noch funktionsfähig sind, zu bewundern.

 Adressen:

Schweden-Werbung für Reisen und Touristik, Lilienstraße 19, 20095 Hamburg, Telefon: 040/330185; Fax: 040/335587 Arjeplog Turistbyrå, Torget, 93090 Arjeplog, Telefon: 0961/11220 Vuollerims Turistbyrå, Box 96, Murjeksvägen 31, 96030 Vuollerim, Telefon: 0976/10165 Kiruna Turistbyrå, Box 113, Folkets Hus, 98122 Kiruna, Telefon: 0980/18880 oder 15240

 Telefon:

Von Deutschland nach Schweden: 0046/Vorwahl, ohne die erste Zahl/ Teilnehmernummer. Von Schweden nach Deutschland: 009/49/Vorwahl, ohne die erste Zahl/Teilnehmernummer.

WILDER SÜDEN

Der südliche Teil Norwegens, von Narvik bis Fauske,
sowie die Berge um Jotunheimen und die
Fjordlandschaften von Sogn og Fjordane zählen zu den wildesten
Landschaften Europas. Ein Paradies für Naturliebhaber.

Eiskalt erwischt: Fahrt durch das Jotunheimen-Gebirge

SÜD-NORWEGEN

Es ist halb zwei, mitten in der Nacht. Ich stehe in langer Unterhose und Socken am Waldrand und bekomme von der Kälte bald ein steifes Genick, weil ich seit zehn Minuten fasziniert in den Himmel starre. Über mir stehen grünliche Lichtstreifen am Himmel, die sich langsam zu wolkenartigen Gebilden wandeln, verschwinden und an anderer Stelle wieder auftauchen. Dann ist wieder ein klarer Sternenhimmel zu sehen, wie ich ihn bisher nur über den Wüstengegenden Marokkos erlebt habe. Und wieder beginnt dieses Licht sein faszinierendes Spiel. Ich habe das unwahrscheinliche Glück, ein in dieser Jahreszeit noch sehr selten auftretendes Phänomen zu sehen, das Nordlicht. Zwar ist es nicht so kräftig wie ich es vor einigen Wochen im Nordlichtplanetarium von Tromsö gesehen habe, aber dafür ist es live. Ich habe das Gefühl, in einem Fantasy-Film mitzuspielen. Irgendwann wird es mir aber doch zu kalt und ich verkrieche mich wieder in meinen Schlafsack, den ich auf dem Bretterboden einer verlassen, am Waldrand stehenden Hütte ausgerollt habe.

Noch ein kurzer Blick auf die Karte: Die nächsten 250 Kilometer, von Narvik hinunter nach Fauske, gibt es innerhalb Nor-

Schäferstündchen: Schafscheide bei Gyltvik

wegens nur eine einzige Straße, die »E6«. Für mehr ist kein Platz. An der engsten Stelle, am Helemofjorden, ist das Festland zwischen der schwedischen Grenze und dem Meer nur sechs Kilometer breit. Die Straße führt durch eine wilde, überwältigende Urlandschaft. Über den schmalen Eifjord streckt sich ein eleganter Beweis norwegischer Brückenbaukunst, auf der anderen Seite liegt die Straße in einer riesigen Felswanne. An deren glatten Wänden krallen sich zähe Kiefern durch weitgefächertes Wurzelwerk auf der nur wenige Zentimeter dicken Humusschicht festkrallen. Zwischen weitläufigen Waldgebieten schimmern glasklare Seen. Kleine Wasserfälle polieren pausenlos die Felsen und wie Kulissen ragen grauschwarze Felswände in den Himmel. Das markante Profil des Kråkmotinden, der bei Kråkmoen das Landschaftsbild prägt, macht den Berg zum meistfotografierten Motiv der Gegend. Danach folgt ein kurzer Anstieg, und ich stehe auf dem Rand eines Talkessels, der wie eine zu groß geratene Suppenschüssel den Kobbvatnet birgt.

Die nächsten hundert Kilometer führen durch fünfzehn Tunnels. Bei solchem Aufwand wollen natürlich auch die Norweger etwas Kohle sehen. Mitten im

ICH HABE DAS GEFÜHL, IN EINEM FANTASY-FILM MITZU-SPIELEN. DAS NORDLICHT IST EINFACH WUNDERBAR

Indian Summer: herbstliche Wälder am Rossvatnet

SÜD-NORWEGEN

Verlauf der Tunnelstrecke steht das Mauthäuschen. Aber die 20 Kronen für das Motorrad sind wenig für diese Leistung in Sachen Straßenbau.

DIE NÄCHSTEN HUNDERT KILOMETER FÜHREN DURCH INSGESAMT FÜNFZEHN TUNNELS

Im Saltdalen steigt das Land stetig auf gerade mal 600 Meter Höhe an, und damit ist auch schon die Baumgrenze erreicht. Eine karge Felslandschaft breitet sich aus, die dem kalten Wind keinen Widerstand bietet. Genau das richtige Ambiente für den Polarkreis, dem südlichsten Punkt, an dem die Sonne im Sommer vierundzwanzig Stunden lang am Himmel steht, aber im Winter überhaupt nicht über den Horizont steigt.

ICH RUTSCHE MITTLERWEILE SCHON AUF ALLEN VIEREN, UM IN DER HÖHLE WEITERZUKOMMEN

Durch das Tal der Ranaelva geht es wieder in tiefere Regionen. Als ich durch die üppigen Fichtenwälder das Städtchen Moi Rana am Ranafjord erreiche, bricht bereits die Nacht herein.

Steter Tropfen höhlt den Stein. Und was lange genug tropft, schafft irgendwann eine Höhle, wie nordwestlich von Moi Rana, in der Nähe des Svartisengletschers.

Die Grönli-Grotta soll zweitausend Meter lang sein. Sie ist die einzige Höhle Norwegens, in der eine Beleuchtung angelegt wurde. Am Eingang warnt ein Schild, nicht in die Grotte zu steigen, ohne sich vorher im

Café gemeldet zu haben, denn das Licht wird nach Feierabend ohne Kontrolle ausgeschaltet. Und dann ist es da drin lebensgefährlich.

Schon der Einstieg mit seiner bestenfalls schummrigen Beleuchtung ist nichts für Fußkranke. Unter einer Decke aus

Aurora Borealis: Nordlicht über dem Vestfjorden

Glimmerschiefer hat der stete Tropfen im Marmor und Kalksandstein ein wirres Labyrinth ausgewaschen. Zeit genug hatte er gehabt: Das Gestein soll zwischen vier- und fünfhundert Millionen Jahre alt sein.

Noch immer plätschert ein kleiner Wasserfall aus einem engen Spalt. Wasserwirbel, Sand und Gestein haben kreisrunde Löcher entstehen lassen. Ich taste mich ganz vorsichtig mit Händen und Füßen weiter, gehe auch schon mal auf alle Viere und versuche, zwischen den kleinen Rinnsalen trockenen Fußes weiter in die Höhle vor-

135

SÜD-NORWEGEN

zudringen. Ich bin allein in der Grotte, und komme mir vor wie ein Forscher. Wenn jetzt bloß der Strom nicht ausfällt.

Entlang des Rössvatnet liegt zentimeterdick loser Split auf der Straße.

Da schwimmt die ganze Fuhre mehr, als sie fährt und tut so, als ob zu wenig Luft in den Reifen wäre. Das Gefühl verschwindet erst, als kurz nach dem See wieder fester Boden unter die Räder kommt. Das Asphaltband von Grubben über Mjolkalia, hinunter zur Europastraße, entpuppt sich dagegen als kurvige Motorradstrecke.

Kulissenhaft: Altstadt von Trondheim

Seit Moi Rana entspannt sich die Landschaft, wird sanfter. Der Trondheimfjord, Norwegens zweitgrößter Fjord, liegt in schwerem Blau zwischen den Höhenzügen. Trondheim ist die drittgrößte Stadt im Lande.

Ein gefälliges Gemisch aus alten, in Holzbauweise errich-

Antik: Emaille-Werbeschild in Trondheim

teten Häusern und neueren Stadtteilen mit modernen, aber ansehnlichen Gebäuden. Nachdem die Stadt mehrmals durch Feuersbrünste zerstört worden war, wurde sie so angelegt, daß nach einem Brand nicht wieder gleich die ganze Stadt aufgebaut werden muß.

Seitdem hat es nicht mehr gebrannt. Besonders am Fluß entlang wurde der Flair der »guten alten Zeit« in den alten Speicherhäusern, die heute als Wohnungen dienen, erhalten.

Im Nidarosdom, dessen Turmspitzen mächtig in den Himmel ragen, werden seit tausend Jahren die norwegischen Könige gekrönt – apropos Krone, meinem Hinterrad fehlen sämtliche Zacken im Profil. Nach norwegischen Gepflogen-

DAS ASPHALT-BAND VON GRUBBEN NACH MJOLKALIA BEGEISTERT DURCH SEINE KURVEN

Bilderbuch-Landschaft: Bauernhof am Rossvatnet

SÜD-NORWEGEN

Frostig: nichts für Morgenmuffel

heiten kostet das rund tausend Kronen Strafe.

Die zwei Politessen, die verdächtig geradlinig auf das Hinterrad der KLR zusteuern, fange ich vorsichtshalber mit schlauen Fragen nach dem Weg ab.

SCHROFFE FELSEN STEIGEN AUS DEM MEER, FÜR DIE DÖRFER BLEIBT NUR EIN SCHMALER STREIFEN

Vor lauter Höflichkeit, das ist eine nordische Tugend, vergessen sie sogar, daß ich im Halteverbot stehe. Aber, was das Parken betrifft, scheint es hier sowieso keinen zu stören, wenn Motorräder auf dem Gehsteig stehen.

Was den Reifen betrifft, weiß die Tourist-Info Rat, und eine halbe Stunde später rolle ich auf Yokohama aus der Motorrad-werkstatt von William Jansen. Der japanische Pneu war der billigste, der zu kriegen war, kostet aber immer noch fünfzig Prozent mehr als in Deutschland.

Die »65« schlängelt sich durch ein stilles Tal, das irgendwo im Allgäuer Voralpenland liegen könnte. Ein paar Kühe mampfen auf den saftiggrünen Wiesen genüßlich vor sich hin. Auf den Bauernhöfen, die verstreut an den flachen Hängen liegen, plätschert das Leben ruhig dahin. Von Kvanne über den Todalsfjord nach Rökkum tuckert eine kleine Autofähre, doch mit Erreichen des anderen

Ufers ändert sich schlagartig die Landschaft. Aus ist's mit der Idylle, schroffes Bergland steigt aus dem Meer auf, für die Dörfer bleibt nur ein schmaler Streifen schrägen Landes. Vom Eresfjord windet sich eine Paßstraße hoch und führt innerhalb von Minuten durch alle Jahreszeiten. Vom grünen Tal durch ein herbstliches Farbenmeer bis zur Paßhöhe, wo eine tundraartige Hochfläche liegt, die an Lappland erinnert. Auf der anderen Seite des Tales bohren sich gleißende Schneespitzen in den stahlblauen Himmel. Ich steuere einen Parkplatz an, auf dem schon ein Motorrad steht, und dieses macht mich erstmal stutzig. Hinten, am Soziussitz sind Lenkergriffe mit Kupplungs- und Handbremshebel plus Schalter angebracht. Ein Pärchen, das schmunzelnd am Rastplatz sitzt, klärt mich auf. Darüber, daß es gar kein Pärchen ist, sondern Fahrlehrer und Schülerin und die VX 800 eine Fahrschulmaschine. In Norwegen sitzt der Fahrlehrer grundsätzlich hinten drauf. Das sind Männer ohne Nerven, echte Teufelskerle, denke ich mir. Aber damit der Meister auch was zu sagen hat, ist das Motorrad entsprechend präpariert. Der linke, hintere Handhebel wirkt tatsächlich auf die Kupplung, der rech-

te bremst hinten und mit dem Schalter kann der Motor gekillt werden. Über die Gegensprechanlage warnt der Lehrer seinen Schüler, bevor er ins Geschehen eingreift – wenn genug Zeit bleibt. Für den Schüler ist das eine sichere Sache. Da der Fahrlehrer hintendrauf sitzt, wird der sich zweimal überlegen, ob er irgendwelche Späße treibt.

IN NORWEGEN SITZEN FAHRLEHRER GRUNDSÄTZLICH AUF DEM SOZIUSSITZ

Die Bergwelt wird immer grandioser. Die Häuser von Andalsnes wirken vor der Kulisse steiler Felswände wie eine Modelleisenbahn, so unwirklich ist die Landschaft und so klar die Luft. Hier beginnt das Aushängeschild norwegischer Straßenbaukunst, der Trollstigveien. Als ich in das Tal hineinfahre, kann ich mir nicht vorstellen, daß da eine Straße weiterführen kann. Es scheint vom Fels wie von der Mauer eines Stausees verschlos-

Arschkalt:
Sitzbank für Hartgesottene

SÜD-NORWEGEN

sen. Erst ganz hinten sind feine Zickzack-Linien zu erkennen, die bis zum Grat hochführen. Eine schmale Steinbrücke überquert auf halber Höhe den 180 Meter in die Tiefe rauschenden Stigfossen. Nach einigen engen Kehren bin ich auf der Paßhöhe. Kleine Seen, unwirtliche Geröllhänge und spitze Bergkegel säumen die kurvige Strecke auf der Südseite des Passes, bis sie sich zwischen tonnenschweren, moosbewachsenen Findlingen in

Malerisch: Bergkulisse am Innfjord

das berauschende Farbengewirr herbstlicher Birkenwälder hinabstürzt. An die Fähre über den Norddalsfjord schließt sich ein kurzer Paß an, dann liegt der Geirangerfjord in der Vogelperspektive hunderte von Metern unter mir. Gewunden wie eine Schlange verschwindet der schmale Fjord zwischen steilen Felswänden, die jäh aus dem blaugrünen Wasser emporsteigen. Am Ende des Fjords, wo die Berge etwas Platz lassen,

143

liegt Geiranger, das von denen, die aus einsamen Berggegenden hier eintreffen, als aufgeblasener Touristenort verteufelt wird, aber eigentlich nur ein kleines Dorf mit einigen wenigen Hotels ist.

Nach dem Trollstigveien und der Abfahrt nach Geiranger kann ich mir kaum eine Steigerung denken, aber sie folgt auf dem Fuß. **DAS AUSHÄNGESCHILD NORWEGISCHER STRASSENBAUKUNST HEISST TROLLSTIGVEIEN** Die Auffahrt zum 1465 Meter hohen Dalsnibba ist die Krönung der bisherigen Strecke. Das heißt, von Meereshöhe auf 1465 Meter in rund fünfzehn Kilometern und das alles bei strahlendem Sonnenschein. Zwischen Schneekuppen und Meereswasser liegt ein Gewimmel von Kurven, bis sich am Ende eines letzten Stückes Schotterpiste auf einem Plateau das Gefühl breit macht, die ganze Welt zu Füßen zu haben. Es bleibt nichts zu tun, als das **DIE AUFFAHRT ZUM 1465 METER HOHEN DALSNIBBA IST DIE KRÖNUNG DER BISHERIGEN STRECKE** Schweigen der gezackten Landschaft in sich aufzunehmen. Dieses Land scheint nur Höhepunkte zu kennen. Wer das Pech hat, bei Nebel oder Regenwetter hier durchzufahren, der kann sich trotz aller Hochglanzprospekte nicht vorstellen, was er versäumt hat. Genau südlich von hier liegt der Jostedalsbren, ein langer Gletscher. Der Jürgen aus dem Allgäu, der mit seinem Bajuwaren-Boxer seit Geiranger mein Weggefährte ist, weiß, daß

eine Sackgasse am Ufer des Loenvatn entlang bis fast an die Gletscherzunge heranreicht. »Fast« heißt 15 Minuten Bergwanderung über Geröll und Felsen, dann erst erkennen wir die wahre Größe der mächtigen Eis-

massen, die bläulich unter der grauen Schneedecke hervorschimmern. Es dämmert schon, als wir wieder wegfahren, und nach nur wenigen Kilometern auf der einspurigen Straße ist es stockdunkel. Ich klopfe an einem Bauernhof an, frage, ob wir hier übernachten können und habe Glück. Die Bäuerin vermietet Hütten am See, und weil die Saison schon vorüber ist, gibt sie uns ihre komfortabelste, die besser eingerichtet ist als

Höhenrausch: Brücke über den Stigfossen-Wasserfall

SÜD-NORWEGEN

Heimelig: Blockhaus bei Andalsnes

manche Wohnung, zum Discountpreis. Jürgen dagegen kann diese Herrlichkeit nicht mehr genießen, er hat sich schon früh am Morgen auf die Socken gemacht, schließlich muß er morgen wieder in Dänemark am Schreibtisch sitzen. Ich dagegen lasse mich erst aus den Federn treiben, als die Sonnenstrahlen längst die Bergspitzen kitzeln.

ICH KLOPFE AN EINEM BAUERNHAUS AN, FRAGE, OB WIR HIER ÜBERNACHTEN DÜRFEN

Ab Moskog gibt's wieder Hüftgymnastik. Der Paß über das Gaularfjellet nach Mel lädt ein zum Kurventanz, und der Parkplatz auf der Paßhöhe zur deftigen Brotzeit mit Aussicht, bevor unten in Dragsvik die Fähre über den Sognefjord ablegt, der mit 180 Kilometern

Norwegens längster ist. Norwegens steilste Serpentinen mit 18 Prozent Steigung klettern am Weg nach Gudvangen in Korkenziehermanier die Stahlheimskleiv hinauf. Und weil's da oben so schön ist und der Stahlheimfossen rauschende 126 Meter tief in ein smaragdgrünes Becken stürzt, stelle ich dort auf einem kleinen freien Fleck gleich mein Zelt auf. Nachts beginnt es zu regnen, und am Morgen ist die Landschaft in nebligem Siff verschwunden.

Zur Stabkirche von Borgund paßt die düstere Regenstimmung hervorragend. Seit 800 Jahren hat sich an dem mystischen Holzgebäude kaum etwas geän-

Göttlich: die Stabkirche von Lom

dert. Aus dem teergeschützten Dach ragen hölzerne Drachenköpfe, deren Bedeutung bisher niemand kennt. Was mag diese geheimnisvolle Kirche schon alles gesehen haben, wer hat sie wohl gebaut, wer mit Leben erfüllt? Natürlich gibt es auf diese Frage keine Antwort, also bevölkere ich wieder die Sitzbank meiner Enduro und düse los, trockenen Gefilden entgegen. Das Wetter wird nämlich besser, die Regengüsse legen inzwischen alle zehn Minuten zwei Minuten Pause ein. Und als ich über ein enges Mautsträßchen von Övre Årdal zur Sognefjell-Paßstraße hinüberfahre, hört es sogar ganz auf. Wallende Nebelschwaden schwimmen über rötliches Gras, als die Nebel- und Wolkensuppe für kurze Zeit aufreißt, tauchen spitze, schneebedeckte Gipfel aus dem Dunst auf. Eine kalte Bergwelt gibt für Minuten ihre erhabene Vorstellung. Die Sognefjell-Paßstraße ist Norwegens Bergstrecke schlechthin, sie steigt hinauf auf über 1400 Meter und spart nicht mit Attraktionen. Beeindruckende Steigungen und tiefe Täler, ewiger Schnee und schimmernde Geltscherzungen, trotz kalter Finger ist es hier wunderschön.

Vielleicht wäre es doch klüger gewesen, unten in Böverdals Jugendherberge gemütlich auf dem Sofa zu liegen und erst

AUS DEM DACH RAGEN HÖLZERNE DRACHENKÖPFE, DEREN BEDEUTUNG NIEMAND KENNT

147

SÜD-NORWEGEN

morgen auf der Sand- und Schotterpiste zur Juvasshütte hinaufzufahren, die mit 1841 Metern am höchsten anfahrbahren Punkt des Landes steht. Ich stehe jetzt nämlich ein Stück unterhalb der Hütte in einer Mulde, die Dämmerung beginnt, die Kawa will nicht mehr anspringen, das Thermometer steht ein Grad unter Null und es beginnt zu schneien. Super. Beim Zurückschieben der vollbepackten Enduro aus der schneeglatten Senke wird mir trotzdem warm. Schließlich wuchte ich den schweren Bock doch noch über die Kuppe, und an der abschüssigen Strecke springt der Motor wieder an. Also doch Jugendherbergs-Sofa.

Leckerbissen: Piste am Gletschersee Breidalsvatnet

Als ich morgens aus der Juhe komme, stehen kaum noch Wolken am Himmel. Fazit, ich bin schon wieder auf dem Weg nach oben. Aber diesmal komme ich nicht mal so weit wie gestern. In der Nacht hat es geschneit, die Westseite des Berges ist mit dem frostigen weißen Zeug gepanzert. Einige Jeeps mit Mühe

und Allrad rodeln bergauf an mir vorbei. Es sind die Ski-Nationalteams aus England und Schweden, die in dem Sommerskigebiet am Ende der Piste trainieren wollen.

Die ersten Kehren auf dem Weg nach unten liegen schon hinter mir, als mich dieses ewige Ganz-oben-gewesen-sein-müssen-Gefühl überredet, nochmal raufzufahren. Nach dem zweitenmal Querstehen versuche ich es mit zittrigen Knien ein letztes Mal, und es klappt. Da staunen sogar die Bauarbeiter, die gerade an der Juvasshütte arbeiten. Ob es nicht etwas kalt sei, jetzt mit dem Motorrad hier rumzufahren? Nö, nö, antworte ich eine Spur zu laut, ziehe den Schal etwas fester und stecke die Hände in die wärmenden Hosentaschen.

Drei Straßen, drei Landschaften. Die Straße westlich vom Jostedalsbren lief an Fjorden, grünen Wiesen, dunklen Äckern und kleinen Dörfern vorbei. Die Sognefjell-Paßstraße durch Jotunheimen, die Heimat der Riesen, durchschneidet Skandinaviens höchste Berge, eine zerklüftet-wilde Landschaft aus schneebedeckten Gipfeln und schroffem Fels. Die nächste Parallelstraße, weiter östlich, auf der ich jetzt nach Süden unterwegs bin, liegt in einem ein-

EWIGER SCHNEE UND SCHIMMERNDE GLETSCHER-ZUNGEN – TROTZ KALTER FINGER WUNDERSCHÖN

EINIGE JEEPS RUTSCHEN MIT MÜHE, ALLRAD UND VIEL GOTT-VERTRAUEN AN MIR VORBEI

149

SÜD-NORWEGEN

Karg: Anfahrt zur Juvyass-Hütte

EIN GEFÜHL DER WEITE UND DES VERLOREN- SEINS MACHT SICH HIER BREIT

samen baumlosen Fjellgebiet. Ein Gefühl der Weite und des Verlorenseins macht sich hier breit. Ferne Schneegipfel leuchten über den rotbraunen Bewuchs der Ebene. Der Vinsteren-See liegt schweigend zwischen zwei langgezogenen Bergrücken, der aufgehende Halbmond vermittelt vollends ein Gefühl der Ruhe und Zeitlosigkeit. Es ist mal wieder Nacht, bis ich in einem kleinen Ort nach dem Preis einer Hütte frage. 200 Kronen kostet die kleinste. Ich lege etwas widerwillig das Geld auf den Tisch, murmle

etwas von »a lot of money« vor mich hin, und bin überrascht, ob der leisen Kritik gleich wieder 50 Kronen zu rückzubekommen.

Eine Mautstraße, die bei Bygdin beginnt, bringt mich noch einmal in ein kleines Fjellgebiet. Die Luft ist so klar, daß der Gipfel des hundert Kilometer entfernten Galdhopigen deutlich zu sehen ist. Trotz des Sonnenscheins ist es kalt. Die wenigen Birken haben bereits ihre Blätter abgeworfen, es wird Zeit, in Richtung Süden zu ziehen. Lillehamer fordert noch einen Stop, denn der olympiabekannte

Ort hat auch ohne Sportspektakel seine Attraktion. Im Freilichtmuseum Maihaugen etwa findet sich mit rund 150 Gebäuden eines der größten Museen dieser Art in Europa. Manche dieser Holzhäuser habe ich bei den Bauernhöfen in den Bergen sogar live gesehen. Im Hof Öygarden wird's sogar richtig grausig, die Bewohner wurden von der Pest dahingerafft. Das ist zum Glück schon eine Weile her, über 400 Jahre. Solange halten sich selbst Pesterreger nicht, hoffe ich. Was sich auch nicht lange hält ist das Wetter. Also rein in die Regenkombi und ab nach Süden.

Es gibt einen Bewohner Skandinaviens, der sich nie sehen läßt, obwohl ihn jeder sehen möchte, und wenn er sich dann doch sehen läßt, dann wäre es vielen lieber, sie hätten ihn nicht gesehen. Denn dann ist das Zusammentreffen oft mit einem Unfall verbunden. Die Rede ist vom Elch, der im allgemeinen nur auf den Verkehrsschildern zu sehen ist – oder als Geschnetzeltes mit Kartoffelpüree

Abgründig: Grotte bei Mo I Rana

SÜD-NORWEGEN

Ursprünglich: Die Natur holt sich alles zurück

in einem von Oslo's Restaurants.

In der Hauptstadt ist neben der Verpflegung vor allem die Museumsinsel interessant. Dort sind zwei fast vollständig erhaltene Schiffe der Wikinger ausgestellt. Es sind einige der wenigen Dinge, die von den schrecklichen Hägars erhalten blieben. Ganz so wild sollen sie übrigens gar nicht gewesen sein. In erster Linie waren sie wohl Kauffahrer mit wenig sozialverträglichem Hobby. Hätte so ein Wikinger damals die Möglichkeit gehabt, er wäre bestimmt mit dem Motorrad unterwegs gewesen – auf einem schwarzen Chopper.

ELCHE KOMMEN NUR AUF WARN-SCHILDERN ODER ALS GE-SCHNETZELTES AUF DEM TISCH VOR

Nach einem Besuch in Heddal, wo Norwegens größte Stabkirche steht, verfahre ich mich fürchterlich, weil die Straßennummern auf den Schildern mit denen in der Karte nicht übereinstimmen. Und das ist letztendlich ein Glück. Denn die Strecke von Ofte über Dalen nach Krossli bringt nochmal fetzigen Kurvenspaß, und ich erinnere mich wieder an einen Schweizer, dem ich in Finnland mein Leid wegen der geraden Straßen geklagt hatte. Er versprach mir in Norwegen so viele Kurven, daß es mir zu viel werde. Mit den vielen Kurven hatte er ja recht, aber zu viel – gibt's das überhaupt?

GÄBE ES HEUTE NOCH ECHTE WIKINGER, SIE WÜRDEN GARANTIERT SCHWARZE CHOPPER FAHREN

TOUR 5

**Gefahrene Strecke:
etwa 3 100 Kilometer**

Karte:

Die beiden Euro-Länderkarten Skandinavien-Nord und Skandinavien-Mitte/Süd (Südnorwegen/Südschweden/Dänemark) aus dem RV-Verlag im Maßstab 1:800 000 decken ganz Norwegen ab.

 Route:

Narvik – Skarberget – Bognes – Ulvsvåg – Innhavet – Sandnesbotn – Sildhopen – Sörfjordmo – Straumen – Fauske – Rognan – Krokstrand – Mo i Rana – Korgen – Bleikvassli – Rössvassbukt – Rössvatnet – Bleikvassli Tustervatn – Skjåvik – Mjolkalia – Trofors – Namsskogan – Trones – Grong – Hammer – Sem – Steinkjer – Lerkehaug – Leksdalen – Hallem – Stiklestad – Verdalsöra – Skogn – Åsen – Stjördalshalsen – Trondheim – Klett – Börsöra – Orkanger – Fannrem – Vormstad – Storås – Övre Rindal – Kvammen – Skei – Kvanne – Rökkum – Ålvundleid – Sunndalsöra – Öksendal – Eidsvåg – Eresfjord – Vistdal – Holm – Andalsnes – Trollstigheimen – Sylte – Linge – Eidsdal – Geiranger – Dalsnibba – Oppstryn – Stryn – Loen – Kjenndal – Loen – Olden – Byrkjelo – Helgheim –

Moskog – Holsen – Eldalsosen – Mel – Dragsvik – Vangsnes – Vik – Vinje – Oppheim – Stalheimskleiv – Gudvangen – Flam – Aurlandsvangen – Sæbö – Borgund – Kyrkjestölane – Farnes – *Sognefjellmautstraße* – Böverdal – Juvyasshytta – Böverdal – Lom – Randen – Bessheim – Bygdin – Haugseter – Skåbu – Svatsum – Lillehammer – Bröttum – Moelv – Hammar – Stange – Tangen – Langset – Eidsvoll – Oslo – Drammen – Kongsberg – Notodden – Heddal – Seljord – Brunkeberg – Höydalsmo – Tveiten – Dalen – Skafså – Krossli – Fyresdal – Tjönneios – Åmli – Dölemo – Svenes – Herefoss – Birkeland – Kristiansand

 Fähre:

Kristiansand – Hirtshals:
Die Fähren von Color-Line legen in Kristiansand täglich um 8.00, 13.30, 19.00 und 0.30 Uhr nach Hirtshals in Norddänemark ab. Die Überfahrt dauert 4,5 bis 6 Stunden. Je nach Abfahrtstag und -zeit kostet die einfache Fahrt während der Hauptsaison, Mitte Juni bis Mitte August, zwischen 76 Mark und 88 Mark pro Person. Kabinenplätze gibt es ab 20 Mark. Für das Motorrad sind 46 bis 60 Mark zu bezahlen.

INFO SÜD-NORWEGEN

Oslo-Kiel:
Direktverbindung zwischen
Norwegen und Deutschland besteht
von Oslo nach Kiel. Abfahrt in
Oslo ist Montag, Mittwoch und
Freitag um 13.30 Uhr, Dienstag,
Donnerstag, Samstag und Sonntag
um 16.30 Uhr. Ankunft in Kiel ist
am nächsten Tag um 9.00 Uhr oder
12.00 Uhr. Ab Kiel startet die Reise
am Montag, Mittwoch, Freitag und
Samstag um 16.30 Uhr, Dienstag,
Donnerstag, und Sonntag um
13.30 Uhr. Die Überfahrt kostet
während der Hauptsaison inklusive
Kabinenplatz ab 150 Mark pro
Person. Für das Motorrad sind
70 Mark zu berappen.
Die Fähre von Skarberget nach
Bognes kostet etwa acht Mark, die
von Dragsvik nach Vangsnes über
den Sognefjord rund sieben Mark.

 Übernachten:

Campingplätze sind zwar genügend
vorhanden, stilvoller ist es allerdings, sich eine Hütte zu mieten.
Ideal für kalte Knochen und
schlanke Geldbeutel wird das,
wenn die Betten – bis zu Schlaf-
gelegenheiten – auch alle belegt
werden. Je nach Größe und Ausstattung (fließendes Wasser,
Toilette, Dusche) kostet eine solche
Hütte ab 150 NOK/Tag. Alle sind
beheizbar (meistens elektrisch) und
haben Kochgelegenheit.
Bettwäsche oder Schlafsack muß
mitgebracht werden. Schilder am
Straßenrand weisen gelegentlich
auf Privatzimmer hin, die ab
220 NOK kosten, aber meistens nur
für mehrere Nächte vermietet

Urgemütlich: Hove Fjellgard, Blockhütte nur für Biker

werden. Manchmal wird auch ab etwa 220 NOK Bed & Breakfast angeboten. Jugendherbergen kosten 60 bis 150 NOK, Hotelzimmer ab 250 NOK.

Hotel:
●●●●Stalheim Hotel,
5715 Stalheim,
Telefon: 56520122.
Teuer, aber in Toplage über dem Stalheimfossen.

Jugendherbergen:
● Mo Vandrerhjem,
Fageråsen,
8600 Moi Rana,
Telefon: 75 150963.
Sehr schöne Aussicht über den Ranafjord.

Trondheim
● Vandrerhjem Rosenborg,
Weidemannsvei 41,
7043 Trondheim,
Telefon: 73530409.

Oslo
● Vandrerhjem Haraldsheim,
Haraldsheimvej 4,
0409 Oslo,
Telefon: 22222965.

Hütten:
●● Raubergstulen Turisthytte,
2687 Böverdalen,
Telefon: 61212185.
Liegt weit über dem Bövertal in den Bergen von Jotunheimen. Während der Hauptsaison vorbuchen.

Einen Hüttenkatalog verschickt:
De Norske Hyttespesialistene A/S,
Rogaland Hytteformidling,
N-4363 Brusand,
Telefon: 51439230.
Bei dieser Adresse können auch Hütten vorgebucht werden.

Camping:
●/●● Mörsvikbotn Camping,
8266 Mörsvikbotn,
Telefon: 75695118.
Vermietet auch Campinghütten.

●/●● Åndalsnes Camping,
6300 Åndalsnes,
Telefon: 71221629.
Sehr komfortabler Platz am Romsdalsfjord. Vermietet auch Campinghütten.

●/●● Grande Fjordhytter og Camping,
6216 Geiranger,
Telefon: 70263067.
Schöne Lage mit Blick in den Geirangerfjord. Campinghütten.

 Gastronomie:

Allerlei Bratwürste, Pommes und belegte Brötchen gibt es im Kiosk oder in sogenannten Butiken. Da eine Portion meist nicht weit reicht, kann das Essen teuer werden. Hier gilt, wie in ganz Skandinavien: Eigener Herd ist Kronen wert, am günstigsten ist die Selbstverpflegung. Ohne eigenen Kocher geht das auf Campingplätzen, in Jugendherbergen und in den Hütten.

Um in Restaurants relativ günstig zu essen, gibt es das Dagensrätt, das Tagesessen. Für 50 bis 90 NOK gibts's ein ein komplettes Menü, oft mit Getränken (alkoholfrei) und Kaffee.

In Sachen Kaffee gibt es eine kleine Besonderheit, die man wissen sollte: Das erste Tässchen ist relativ teuer, dafür sind die nächsten, die aus derselben Tasse getrunken werden, billig, manchmal auch umsonst.

Neben-Saison: fast menschenleere Fähre nach Bognes

INFO SÜD-NORWEGEN

 Reisezeit:

In kaum einem Land schlägt das Wetter solche Kapriolen wie in Mittel- und Süd-Norwegen. Die Nordsee, der Golfstrom und die schier endlose norwegische Bergkette machen konkrete Vorhersagen

zum Glücksspiel. Ausschließlich von den Durchschnitts-Temperaturen her gesehen, ist Mitte Juni bis Mitte/Ende August Motorradsaison. Im Juli sind drei Wochen Sonnenschein am Stück jedoch ebenso möglich wie drei Wochen Dauerregen. Von solchen Kleinigkeiten sollte man sich allerdings nicht abschrecken lassen. Wie sagt man so schön, es gibt kein schlechtes Wetter, nur die falsche Kleidung. Auf Norwegen trifft diese Weisheit ganz besonders zu.

 Sehenswert:

Neben der grandiosen Berg- und Fjordlandschaft hat die Gegend noch einige Schmankerln auf Lager: Bei Mo i Rana ist die Grönligrotta, eine mit Beleuchtung ausgestattete Höhle zu erforschen. Wenige Kilometer weiter glitzert der Svartisengletscher, dessen Eismassen nach einer kurzen Bootsfahrt bestiegen werden können. Zu den Paßstraßen, die nicht versäumt werden dürfen, gehört der Trollstigveien bei Åndalsnes, die Strecke über das Gaularfjellet zwischen Moskog und Dragsvik, sowie der Paß von Flåm über Aurlandsvangen ins Lærdal. In Böverdal an der Sognefjell-Paßstraße beginnt die Sackgasse zum höchsten anfahrbaren Punkt Norwegens, zur

INFO SÜD-NORWEGEN

Sehenswert: Kon Tiki-Museum in Oslo

Juvasshütte auf 1841 Meter. Wenn das Wetter mitmacht, dann ist Dalsnibba über dem Geirangerfjord mit 1465 Metern ein Aussichtspunkt erster Güte. Berühmt sind auch die norwegischen Stabkirchen. Die bekanntesten stehen in Borgund, Lom und Heddal. Lillehammer hat mit Maihaugen das schönste Freilichtmuseum, und in Oslo ist neben der Museumsinsel besonders der Vigeland-Park einen Besuch wert.

 Maut:

Auf der gefahrenen Route ist die Tunnelstrecke zwischen Sildhoppen und Fauske, die Auffahrt zum Aussichtspunkt Dalsnibba sowie die Verbindungsstraße von Farnes zur Sognefjell-Paßstraße mautpflichtig. Die Kosten belaufen sich für Motorräder aber immer nur auf ein paar Mark.

Literatur:

Genauso wie für den Norden liefert
das offizielle Reisehandbuch
Norwegen vom norwegischen
Fremdenverkehrsamt auch für den
Süden jede Menge Informationen.
Es ist im Buchhandel für 14,80
Mark erhältlich.
Ob Walfang oder Alkohol, Nordlichter oder Wikinger, das
GEO-Special Norwegen geht mit
fundierten Berichten und aus-
sagekräftigen Fotos ans Einge-
machte.
Nicht billig, aber dank der foto-
grafischen Qualität seine 68 Märker
wert ist der großformatige Bildband Norwegen von Markus
Manfred Jung und Erich Spiegel-
halter aus dem Herder-Verlag.

Narvik Reiselivslag,
Boks 318,
N-8501 Narvik,
Telefon: 76 94 33 09
Polarsirkelen Reiselivslag,
Boks 225,
N-8601 Mo i Rana,
Telefon: 75 15 04 21
Trondheim Aktivum,
Postboks 2102,
N-7001 Trondheim,
Telefon: 73 92 93 94
Norwegisches Info-Zentrum,
Vestbaneplassen 1,
N-0250 Oslo 2,
Telefon: 22 83 83 80

Fährlinie:
Color Line,
Postfach 2446,
24025 Kiel,
Telefon: 04 31/97 40 90

 Adressen:

Norwegisches
Fremdenverkehrsamt,
Mundsburger Damm 27,
22087 Hamburg,
Telefon: 0 40/22 71 08 10

 Telefon:

Von Deutschland nach Norwegen
00 47/achtstellige Teilnehmernummer.   Von Norwegen nach Deutschland: 0 95 49/Vorwahl, ohne die erste
Zahl/Teilnehmernummer.

ÖL AM SANDSTRAND

Das kleine skandinavische Land ist für seine Ölvorkommen
und Sandstrände bekannt. Wobei selbst Öl
am Strand niemanden stört, denn Öl heißt Bier und
schmeckt auch am Meer.

DÄNEMARK

Leuchtender Pfad: Signalturm von Grenen

DÄNEMARK

änemarks Nordkap heißt Grenen. Ein elegant geschwungener Zipfel zwischen Tannis- und Ålbækbucht, dessen feiner Sandstrand auf der einen Seite von den Wellen der Ostsee massiert wird, auf der anderen von der rauhen Nordsee. Und an der Spitze der dänischen Zipfelmütze treffen die Wellen der beiden Meere aufeinander. Das allerdings muß ich einfach glauben, denn zu sehen ist davon nicht allzuviel, genaugenommen überhaupt nichts. Ist aber auch nicht nötig. Es ist auch so schön hier, vor allem schön ruhig. Die Luft riecht nach Meersalz, und die steife Brise ist einem lauen Lüftchen gewichen. Auf der flachen Landzunge sammeln Kinder ein paar Muscheln, und am Strand warten die schwabbeligen Leiber einiger Quallen auf eine kräftige Welle, die sie wieder ins Meer hinausträgt. Ansonsten herrscht Nebensaison-Ruhe. Im Sommer dürfte das nicht ganz so sein. Die kleine Kunstgalerie, die auf einer der letzten Dünen steht, wirbt damit, von bis zu 13 000 Besuchern täglich überrannt zu werden.

Ich verlasse das ruhige Skagen in Richtung Süden, um in der Nähe von Ålbæk den Hinweisen zur Örnens Verden, zur

AN DER SPITZE DER DÄNISCHEN ZIPFELMÜTZE TREFFEN ZWEI MEERE ZUSAMMEN

Sackstraße: Dänemarks nördlichste Landzunge

Adlerwelt zu folgen. Wenn von den Königen der Lüfte die Rede ist, dann geistern Bilder von unzugänglichen schroffen Gebirgslandschaften, von steilen Felswänden und rauhen Berggipfeln durch den Hinterkopf, aber bestimmt käme niemand auf die Idee, einen Adler mit Dänemark in Verbindung zu bringen. Aber Dänemark ist Adlerheimat, oder besser: es war mal so. Inzwischen ist es den Königen der Lüfte durch die dichte Besiedlung etwas zu unruhig geworden. Die letzten Exemplare können bei Vorführungen in der Örnes Verden beobachtet werden. Das kann ich mir nicht entgehen lassen. In bester Wildwest-Manier sitzt der Steinadler hoch oben in den kahlen Ästen eines abgestorbenen Baumes und schaut mit scharfem Blick auf die Zuschauer herunter, als wäre sie eine Herde Schafe, aus der es sich gleich sein Frühstück rauszuschlagen gilt. Dann läßt er sich fallen, zieht einige Kreise über unseren Köpfen und schnappt sich im Flug ein Stück Fleisch, das hochgeworfen wurde. Kurz darauf startet ein Wanderfalke vom Lederhandschuh des Betreuers. Der erreicht im Sturzflug eine Geschwindigkeit, die ein Motorrad sogar auf dänischen Straßen in Schräglage bringen würden. Mit bis zu

Smalltalk: Seemanns-Tratsch im Hafen von Hirtshals

dreihundert Stundenkilometern stürzt er bei der Jagd vom Himmel. Und damit wären wir beim Thema. Motorradfahren in Dänemark, Lust oder Frust, Spaß oder Langeweile? Mit einem einfachen Ja oder Nein ist diese Frage nicht zu beantworten. Zugegeben, die Auflagefläche des Reifens wird sich mit an Sicherheit grenzender Wahrscheinlichkeit von der Rundung zur Fläche wandeln. Die Suche nach Serpentinen verläuft ergebnislos, was sich mehr als zwanzig Meter über Meereshöhe erhebt, läuft unter der Kategorie Berg. Im Kurvenheizen ist das Glück auf zwei Rädern nicht zu finden. Schräglagen lassen sich aber auch auf geraden Straßen fahren. Der Seitenwind nämlich ist oft so stark, daß ich mich dagegenlegen muß, um nicht weg-

DER STEINADLER THRONT HOCH OBEN IN DEN KAHLEN ÄSTEN EINES ABGESTORBENEN BAUMES

165

DÄNEMARK

Platt: dänische Weite um Skagen

DÄNEMARK BIETET FAST IMMER EIN 360 GRAD-PANORAMA

geblasen zu werden. Das ist auf die Dauer etwas einseitig. Dänemarks Stärke liegt eher in einem gewissen Maß an Weite. Fast immer steht ein 360 Grad Blickfeld zur Verfügung, dem außer den imposanten Windgeneratoren nichts im Wege steht. Apropos Windgeneratoren, auf ihren Wind können sie sich verlassen.

An der Nordseeküste gibt es sogar Bäume, deren Stämme vom Sturmwind in die Horizontale gebogen sind und die nur an einer Seite Äste tragen. Die Wuchsrichtung bestimmt der rauhe Westwind.

Ein genauer Blick in die Karte zeigt, daß der Norden Dänemarks eigentlich eine Insel ist.

Altstadt findet sich nämlich die Jomfru Ane Gade, zu deutsch Jungfrau Anne Straße, die in Sachen Kneipen Dänemarks dichteste Besiedlung auf zweihundert Meter aufweist. Und weil die Dänen einem lustigen Kneipenleben nicht gerade abgeneigt sind, geht hier abends die Post ab.

Auf die Insel Mors im westlichen Teil des Limfjordes spannen sich zwei weite Brücken. Aber ganz stilecht ist das nicht. Ich warte lieber auf die kleine Holzfähre, die den Feggesund überquert, und bin prompt der einzige Passagier auf dem Schiff. Und weil es schon dämmert und der Wind gar so kalt um die Ohren pfeift, winkt mich der Kassierer auf ein Schwätzchen in seine kleine Kajüte. Da

WAS FÜR MICH WIE EIN SAND-KUCHEN AUS-SIEHT, IST FÜR GEOLOGEN 50 MILLIONEN JAHRE GESCHICHTE

Der Limfjord verbindet die Nordsee mit der Ostsee, und das nördliche Jütland ist mit dem dänischen Festland nur durch Brücken und Fähren verbunden. Die größte Stadt am Limfjord ist Ålborg, viertgrößte des ganzen Landes, an deren Superlativ sich andere Orte ruhig ein gutes Beispiel nehmen sollten. In der

**Ergreifend:
Adlershow in der »Adlerwelt«**

Windstill: Abendstimmung auf Mors

DÄNEMARK

**Handgeschnitzt:
Wegweiser zur Wirtschaft**

ist die fünfminütige Überfahrt fast zu kurz. Wir haben uns gerade warmgequatscht, als die Fähre schon wieder andockt.

Auf schmalen Sträßchen, wo mir gerade mal ein paar Traktoren begegnen, tuckere ich auf dem Einzylinder zwischen abgeernteten Feldern und gepflegten Dörfern über die Insel. Oben an der Nordküste erhebt sich der Hanklit, ein grüner Hügel, der auf der Nordseite 67 Meter als sandiger Steilhang in den Fjord abfällt. Was für mich wie ein marmorierter Sandkuchen aussieht, ist für den Geologen 50 Millionen Jahre Geschichte. Die feinen Linien, die den Steilhang auf der Fjordseite durchziehen, sind Ablagerungen eines Urmeeres. Hier wurden und werden versteinerte Fossilien gefunden, und wenn bei Sturm die

ICH WERDE ZUM ZWEIRAD-WANDERER, PASSE DEN FAHRSTIL DER SANFTEN LAND-SCHAFT AN

Wellen mal wieder über den schmalen Küstenstreifen geschlagen haben, dann sind die Chancen hoch, zwischen dem groben Kies auch ein bißchen vom Gold des Nordens, ein Stück Bernstein zu finden. Ich werde immer mehr zum Wanderer auf zwei Rädern, passe den Fahrstil der sanften Landschaft an und rolle gemächlich wie ein Sonntagsfahrer ans andere Ende der Insel, wo mich eine weitere Fähre über den Nees Sund schaukelt. Gegen die hochmodernen Windgeneratoren wirkt die alte Klostermühle bei Vestervig, die nach wenigen Kilometern auftaucht, wie ein Relikt. Das kegelförmige Holzgebäude mit den gitterartigen Windflügeln erinnert an die Zeit, als das tägliche Brot noch wichtiger war als das abendliche Fernsehprogramm.

Am Ende des Dammes, der mit einer weiteren Fährverbindung zwischen Limfjord und Nordsee nach Süden führt, verschwimmen Wasser und Himmel zu einem einheitlichen Grau. Es sieht aus, als würde die Straße geradewegs im Meer verschwinden. Aber bald wird der Damm wieder breiter, und nach einem kurzen Schlenker ins Landesinnere lande ich in Ferring, wo die Brandung der Nordsee grollend an die Küste rollt. Die dänische Nordseeküste ist im Grunde ein endloser Sandstrand, aber mit der Nordsee ist nicht zu spaßen. Haben Sie Respekt vor dem Meer, steht auf den Hinweistafeln, auf denen erklärt wird, was in einem Notfall zu tun ist. Wer sich hier zu weit in die See wagt hat es verdammt schwer, gegen die Strömung wieder an Land zu kommen.

Ein Freilichtmuseum besonderer Art ist Hjerl Hede, nordöstlich von Holstebro. Auf dem dortigen Gelände und in den Gebäuden wird im Sommer täglich gearbeitet. Und zwar so wie es früher einmal war. Ganz wie damals, mit alten Geräten und ebensolchen Methoden, arbeiten Küfer, Schmiede und Tischler, ja wird sogar ein ganzer Bauernhof betrieben. Als Clou wird sogar live dargestellt, wie das Leben in der Steinzeit gewesen sein soll. Und hier erzählt man mir, daß es einige Kilometer weiter östlich, bei Mönsted, etwas ganz und gar Ungewöhnliches gibt. Ein Fledermaus-Museum nämlich, das gruseligerweise in düsteren unterirdischen Kalkgrotten untergebracht sei. Aber diesmal entpuppt sich die späte Reisezeit als Nachteil. Die Gruben, in denen nebenbei noch Tausende von Fledermäusen über-

DAS SCHÖNE AN DÄNEMARK IST, DASS JEDES ZIEL IM LAND AN EINEM TAG ERREICHT WERDEN KANN

Klein, aber fein: Paris mal ohne Eiffelturm

DÄNEMARK

Windig: zwischen Nordsee und Nissumfjord

wintern, haben die Touristensaison für dieses Jahr bereits abgehakt und sind geschlossen.

Das schöne an Dänemarks Landesgröße ist, daß jedes Ziel im Land eigentlich an einem Tag erreicht werden kann. So auch die Stadt Grenå an der Ostseeküste. Dort interessiert mich besonders das Kattegatcenter, das, wer hätte es gedacht, alles mögliche über das Kattegat weiß. Neben allerlei Fischarten und Meeresströmungen wird hier auch mal die Wasserverschmutzung durch Umweltsünden angesprochen. Als Besuchermagnet dient allerdings kein Kattegatbewohner. Dazu müssen mal wieder Spielbergs altbewährte Bösewichte herhalten – ein Rudel Haie. In dem gläsernen Tunnel, der durch den Boden des Haifischbeckens führt, warte ich eigentlich nur darauf, vom Hai angeknabbert zu werden. Nur wenige Zentimeter über meinem Denkgehäuse klebt nämlich ein Ammenhai mit der Schnauze an der Tunnelscheibe. Er sei ein äußerst effizienter Staubsauger, steht in der Informationsbroschüre, aber für den heimischen Swimmingpool scheint er mir nicht der richtige Saubermann zu sein, denn da steht auch noch,

Unverkäuflich: Antikes im Freilichtmuseum Hjerl Hede

daß er manchmal »versehent-lich« (steht da ausdrücklich) Menschen angreift. Tja, es geht halt nichts über die Sauberkeit.

Als ich in Kopenhagen ein-treffe, möchte ich am liebsten gleich wieder umkehren. Einen Tag später überlege ich mir be-reits, eine ganze Woche hierzu-bleiben. Die Stadt, die bei der Einfahrt mit schweren Back-steinbauten, überbreiten Straßen und Rudeln von Radfahrern eher abschreckend wirkt, hat innere Werte. Da wären erstmal Däne-marks größte Ölvorkommen. Öl heißt Bier, und das heißt in Dä-nemark Tuborg und Carlsberg.

Gebraut werden beide hier in der Hauptstadt. Eine Unzahl kleiner Tankstellen, in denen der goldene Schmierstoff gezapft wird, machen die Stadt lebens-wert. Da findet sich fast keine Zeit, in eines der Museen zu ge-hen. Aber »Ripleys Believe it or not« muß sein. Ripley, den die Reiselust schon Anfang des Jahrhunderts in über 200 Länder der Erde getrieben hatte, trug Unglaubliches und manch Ma-kaberes zusammen, um den Leu-ten zu zeigen, daß es auf der Welt auch anderes gibt als nur die eigenen vier Wände. Da steht gleich am Eingang ein rie-

ÖL HEISST BIER, UND DAS HEISST IN DÄNEMARK TUBORG UND CARLSBERG

173

Nachtleben: glänzendes Chrom vor Kopenhagener Kino

DÄNEMARK

Englisch angehaucht:
Pub in der Vesterbrogade

Revolution, und sie hat sich bis heute mehr oder weniger gut gehalten. Gleich am Eingang steht eine angerostete Freiheitsstatue, zusammengeschweißt aus Stacheldraht, Ketten und Handschellen mit einer Krone aus Raketen auf dem Haupt. Das Dorf selbst macht den Eindruck einer Künstlerkolonie, die ihre Hauswände als Malerleinwand benutzt.

siges Nashorn, das aus den Stoßstangen amerikanischer Straßenkreuzer zusammengeschweißt wurde, und in einer Nische dreht sich ein indianischer Schrumpfkopf aus Equador, wobei im Museumsführer penibel erklärt wird, was zu tun ist, um den »Ledercharakter« des Kopfes zu erreichen. In der Tat, Reisen bildet.

Kopenhagen hat auch einen Stadtteil, den die Stadtväter am liebsten totschweigen würden. In Christanshavn befindet sich nämlich ein Staat im Staate namens Christiania. Vor über zwanzig Jahren, 1971, hatte ein Haufen Alternativer einfach das dortige Militärgelände besetzt und beschlossen, einen eigenen Staat zu gründen. Im Grunde war das eine örtlich begrenzte

Nach einem Besuch der imposanten Kreideklippen an der Ostküste der Insel Mön geht's weiter nach Fünen. Dort ist, neben dem Wasserschloß Egeskov, das seit 450 Jahren auf einem Gerüst aus Eichenbalken in einem Teich steht, das vielleicht beste Oldtimermuseum Dänemarks unter gebracht. Fans alter Motorräder kommen hier bestimmt auf ihre Kosten.

Der amerikanische Traum vom Tellerwäscher zum Millionär ist drüben in Jütland, im Städtchen Billund Wirklichkeit geworden. Der Tellerwäscher war allerdings ein Schreiner, und was ihm den Reichtum brachte waren kleine farbige Plastiksteinchen, besser bekannt unter dem Namen Lego. Als der Schreiner Ole Kirk Christiansen 1932 seine Schreinerei gründete

Friedliche Hafenstraße: Kopenhagens Nyhavn

DÄNEMARK

Aufgeräumt: Fachwerkhäuser in Maribo, auf Lolland

EIN SCHREINER ERFAND LEGO 1932, HEUTE MACHT DER KONZERN MILLIARDEN MIT SEINEN PLASTIK-KLÖTZEN und aus Auftragsmangel damit begann, Kinderspielzeug herzustellen, hatte er bestimmt nicht damit gerechnet, der Gründer eines Konzerns zu werden, der Jahrzehnte später Milliarden umsetzen wird. Übersehen kann man die heutige Fabrik nicht. Auf dem Gelände um die Fabrik liegen metergroße Legosteine auf der Wiese, und im Park wurde aus rund 42 Millionen Legosteinen allerhand Bekanntes nachgebaut. Schloß Neuschwanstein gehört mit 175 000 Teilen zu den kleineren Berühmtheiten, für den Kopenhagener Hafen dagegen mußten drei Millionen Klötzchen zusammengesteckt werden. Hier gibt es eine ganze Menge Leute, die den Traum aller Kinder zum Beruf haben: Spielen. Als ich in Ribe eintreffe, regnet es in Strömen. Der Teer wird schmierig, ich übersehe eine abknickende Vorfahrt, muß in die Eisen steigen und liege prompt mitten auf der Straße. Als ich mich wieder aufrapple, staut sich hinter mir bereits eine Autoschlange. Aus dem vorderen Wagen schmeißt ein älterer Herr mit finsteren Blicken nach mir, und die Fußgänger laufen mit verlegenem Gesichtsausdruck schnell vorbei. Auf die Idee, mir beim Aufstellen der vollgepackten Kiste zu helfen, scheint niemand zu kommen. Also lasse ich mir Zeit, zähle erst meine Knochen nach und wuchte dann das Motorrad hoch. Mitten auf der Straße werden alle Hebelchen kontrolliert, aber außer einem zerschundenen Handprotektor scheint der Abflug ohne Schäden geblieben zu sein. Das ist natürlich nicht gerade die richtige Einstimmung auf Dänemarks

Bestens erhalten: die Altstadt von Ribe

DÄNEMARK

Blindflug: auf dem Ebbevej zur Insel Mando

besterhaltene Altstadt, aber die gepflasterten Gassen, die buckligen Häuser und vor allem eine alte urige Kneipe beim Dom lassen den Vorfall schnell wieder vergessen.

Die nächste Station sollte eigentlich die Insel Manö sein, auf die der Ebbevej führt, ein Weg, der nur bei Ebbe befahrbar ist. Bei Flut liegt er unter dem Meer. Als ich jedoch auf dem Ebbevej bin, muß ich schon nach einem halben Kilometer wieder umdrehen. Die Fahrspur wird ganz langsam, fast unmerklich, immer schmäler. Die Flut kommt bereits zurück. Etwas südlicher liegt die Insel Römö, und die ist auch bei Flut über einen sicheren Damm trockenen Reifens zu erreichen. An der Westseite ist ein breiter Sandstrand, der so fest ist, daß er von Autos genauso wie von Motorrädern befahren werden kann. Zwei Endurofahrer knattern grüßend an mir vorbei, ein Vater versucht gerade, mit seinem Sohn vier hintereinander hängende Drachen steigen zu lassen und ein Bauer treibt hoch zu Roß eine Kuhherde den Strand entlang. Ich lehne die Kawasaki an einen Holzpfosten und setze mich auf einen Sandhügel. Bevor ich Morgen wieder über die Grenze fahre, will ich noch ein wenig Ruhe tanken.

INFO DÄNEMARK

TOUR 6

★Grenen
■ GÖTEBORG

Hirtshals
Ålbæk ⚐
40 ★Adlershow
Frederikshavn

NORDSEE
Jammerbucht

OSTSEE

11 Aggersund
Åborg 🏨

Limfjord
Hurup Nyköbing 🏨

Fjaltring ★Rrenenmuseum Randers
181 Holstebro 16
Viborg Grenå
Husby ★Kattegatcenter

Jütland
Ebeltoft 🏨

DÄNEMARK

21
KOPENHAGEN ■ 🏨

Billund
425 Roskilde
Kolding Köge
Ribe Odense *Seeland*
Lakolk *Fünen*
⚐ ★Befahrbarer 9
Sandstrand Kværndrup
★Schloß Egeskov
Stege

Tårs ⚐
Flensburg *Lolland* ★Safaripark Möns Klint
Maribo Kreideklippen
DEUTSCHLAND

Gefahrene Strecke:
etwa 1200 Kilometer

INFO DÄNEMARK

 Karte:

ADAC Karte Dänemark,
1:300000,
14,80 Mark

 Route:

Hirtshals – Uggerby – Tversted –
Skagen – Grenen – Skagen –
Frederikshavn – Gærum – Hellum
– Hjallerup – Ålborg – Frejlev –
Nibe – Farstrup – Aggersund –
Fjerritslev – Öslös – Amtoft –
(Fähre) – Feggeklit – Sakrum –
Alsted – Vodstrup – Nyköbing –
Erslev – Solbjerg – Sundby –
Fårtoft – Hanklint – Flade – Erslev
– Vils – Blidstrup – Öster Assels –
Vester Assels – Glomstrup –
Hvidbjerg – Sönderby – Karby –
(Fähre) – Hurup – Vestervig –
Vesterby – Tåbel – *(Fähre)* –
Thyborön – Hove – Ferring –
Fjaltring – Sönder Nissum – Staby
– Ulfborg – Holstebro – Sevel –
Viborg – Randers – Grenå – Balle
– Ebeltoft – *(Fähre)* – Yderby –
Vig – Hagested – Roskilde –
Kopenhagen – Köge – Karise –
Stege – Borre – Möns Klint – Stege
– Damsholte – Guldborg –
Saksköbing – Maribo – Bandholm
– Birket – Horslunde – Tårs –
Svendborg – Stenstrup – Egeskov –
Kværndrup – Odense – Kolding –

Harte – Vester Nebel – Egtved –
Frederikshåb – Billund – Hejnsvig
– Donslund – Holsted – Ribe –
Vedsted – Ebbevej – Vedsted –
Reisby – Lakolk (Römö) –
Skærbæk – Ravsted – Bredevad –
Tinglev – Flensburg.

 Anreise:

Alle Wege führen nach Hamburg.
Schnell und problemlos durch die
Hansestadt findet die A7, die in
Flensburg an der dänischen Grenze
endet. Der schnellste Weg nach
Kopenhagen geht ab Hamburg auf
der Vogelfluglinie über die A1 nach
Oldenburg und Puttgarden, von wo
eine einstündige Fährfahrt Putt-
garden mit Rödbyhavn verbindet.
Aus der Berliner Gegend ist die
Anreise auf der Autobahn A19 und
die anschließende Fährlinie von
Rostock/Warnemünde nach Gedser
günstiger.

 Fähre:

Deutschland – Dänemark:
Von Puttgarden nach Rödbyhavn
legen die Fähren der DFO alle
dreißig Minuten ab. Der Transport
kostet für ein oder zwei Personen
inklusive Motorrad 40 Mark.
Von Rostock/Warnemünde nach

INFO DÄNEMARK

American way: City-Rock am Axeltorv

Gedser legt ebenfalls die DFO täglich bis zu acht Mal ab. Ein Motorrad plus Besatzung kostet 40 Mark.
Innerhalb Dänemarks müssen auf der gefahrenen Route ebenfalls einige Fähren benutzt werden. Die drei Kurzfähren über den Limfjord kosten alle unter fünf Mark. Die Fähre von Ebeltoft nach Sjælland verkehrt alle zwei Stunden (samstags nur bis 18 Uhr) und kostet für eine oder zwei Personen inklusive Motorrad etwa 42 Mark.
Die Fähre zwischen Lolland und Langeland verkehrt alle 30 Minuten. Eine Person kostet etwa 11 Mark, das Motorrad 10 Mark.

 Übernachten:

Dänemark ist voll auf Tourismus eingestellt. Das kleine Land hat rund 525 Campingplätze und über 100 Jugendherbergen. Trotzdem kann es im Sommer vorkommen, daß fast alles ausgebucht ist. Wer zur Hauptreisezeit unterwegs ist, sollte möglichst vorbuchen. Wildes Campen ist in Dänemark verboten.

Hotels:
●● Hotel West,
Westend 11,
1661 Kopenhagen,
Telefon: 31242761.
Etwa ein Kilometer vom Stadtzentrum.

INFO DÄNEMARK

●● Turisthotellet,
Reverdilsgade 5,
1701 Kopenhagen,
Telefon: 31 22 98 39.
Einfach, aber zentral gelegen.
Etwa 300 Meter bis zum Tivoli.

Jugendherbergen:
● Aalborg Vandrerhjem,
Arup Hallen,
Skolegade 3,
9000 Aalborg,
Telefon: 64 43 13 28.

● Nyköbing Mors Vandrerhjem,
Österstrand,
7900 Nyköbing,
Telefon: 97 72 06 17.

● Ebeltoft Vandrerhjem,
Söndergade 43,
8400 Ebeltoft,
Telefon: 86 34 20 53.
Die JH hat auch Doppelzimmer
und liegt in der Altstadt.

● Copenhagen
Youth Hostel,
Vejlands Alle 200,
2300 Kopenhagen,
Telefon: 32 52 29 08.

Camping:
● Camping Möns Klint,
Klintevej 544,
4791 Borre,
Telefon: 55 81 34 56.

Skurril: Dach-Mopeds des Egeskov-Zweiradmuseums

Glanzstück: Nashorn-Skulptur aus Stoßstangen

● Lakolk Camping,
Lakolk Römö,
6791 Kongsmark,
Telefon: 7475 52 28.

● Skiveren Camping,
Niels Skiverensvej 5,
9982 Ålbæk,
Telefon: 98 93 22 00.
Liegt an der Nordsee.
Guter Ausgangspunkt nach Skagen
oder zum Adlerreservat.

INFO DÄNEMARK

 Sehenswert:

Nord-Ostsee-Gipfeltreffen in
Grenen;
Adlervorführung bei Ålbæk,
Skagensvej 107, Tuen,
9881 Bindselv,
Telefon: 98 93 20 31;
Freilichtmuseum Hjerl Hede;
Kattegatcenter in Grenå;
Kopenhagen: Tivoli; Museum
»Believe it or Not« (Verrücktes aus
aller Welt); Wachsfigurenmuseum;
Erotikmuseum; Christiania (seit
1971 von Alternativen besetzter
Stadtteil in Kopenhagen);
Kreideklippen auf Mön; Schloß
Egeskov; Altstadt von Ribe;
befahrbare Sandstrände auf Römö.

 Motorrad-Museum:

Egeskov, Oldtimermuseum,
geöffnet Juni bis August,
täglich von 9 bis 18 Uhr, Mai und
September 10 bis 17 Uhr.
Europäisches Automobilmuseum,
Fraugdekærbyvej 203,
Fünen Odense,
DK-5220 Odense,
Telefon: 65 95 18 80.
Geöffnet von 1. Juli bis 31. August,
täglich 10 bis 17 Uhr, von 8. April
bis 30. Juni sowie im September
nur samstags und sonntags von
10 bis 17 Uhr.

 Literatur:

»Dänemark sehen & erleben«
vom Süddeutschen Verlag
(48 Mark) ist ein großformatiger
Bildband, der die typisch dänischen
Stimmungen in den Landschaften
und Orten eindrucksvoll vermittelt.
Zu Dänemark zählen mehrere
hundert Inseln. Über diese und die
rund 7 000 Kilometer Strandlinie
informiert der Band »Dänemark,
die Küsten und Inseln«, aus dem
Weidlich-Verlag für 39,80 Mark.

 Adressen:

Dänisches Fremdenverkehrsamt,
Postfach 10 13 29,
20008 Hamburg,
Telefon: 0 40/32 78 03
Kopenhagener Touristinformation,
Bernstorffsgade 1,
1577 Kopenhagen,
Telefon: 33 11 13 25.
Zimmervermittlung unter
Telefon: 33 12 28 80.

 Telefon:

Von Deutschland nach Dänemark:
00 45/achtstellige Teilnehmernummer.
Von Dänemark nach Deutschland:
00 49 Vorwahl, ohne die erste
Zahl/Teilnehmernummer.

187

PANNEN-WÖRTERBUCH

Pannenwörterbuch Schwedisch

Anlasser	Startmotor	**M**utter	Mutter
Antriebswelle	Kardan		
Auspuffrohr	Avgasrör	**N**ockenwelle	Kamaxel
Benzinleitung	Bensinledning	**Ö**lablaßschraube	Oljeplugg
Benzinpumpe	Bensinpump	**Ö**lfilter	Oljefilter
Benzinfilter (im Tank)	Bränslefilter (i tanken)	**Ö**lwechsel	Oljebyte
Blinklicht	Blinkers		
Bremse	Bromsar	**P**leuel	Vevstake
Bremslicht	Bromsljus		
		Regler	Laddingsrelä
Dichtung	Packning	Reifen	Däck
Drehzahlmesser	Varvräknare	Reifenpanne	Punktering
		Reifenwechsel	Däckebyte
Einspritzsteuergerät	Styrdon för	Reparatur	Reparation
	bränsleinspruting	Rücklicht	Bakljus
		Rückspiegel	Spegel
Felge	Fälg		
Fußraste	Fotpinne	**S**challdämpfer	Ljuddämpare
Fußschalthebel	Växelspak	Scheinwerfer	Strålkastare
		Schlauch	Slang
Gasgriff	Gashandtag	Schlauchlosreifen	Slanglöst däck
Getriebe	Växellåda	Schraube	Skruv
		Schwimmer	Flottör
Hauptständer	Centralstöd	Soziusfußraste	Passagerarfotpinne
Hinterrad	Bakhjul	Stoßdämpfer	Stötdämpare
Kickstarter	Kickstart	**T**eleskopgabel	Teleskopgaffel
Kolben	Kolv		
Kraftstofftank	Bensintank	**V**ergaser	Förgasre
Kühler	Kylare		
Kupplung	Koppling	**W**erkzeugkasten	Verktyggasats
Kupplungshebel	Kopplingshandtag		
Kurbelwelle	Vevaxel	**Z**ündkerze	Tändstift
		Zündspule	Tändspole
Lenker	Styre	Zündsteuergerät	Styrdon för tänding
Lichtmaschine	Generator	Zylinder	Cylinder
Luftfilter	Luftfilter	Zylinderkopf	Topplock

PANNEN-WÖRTERBUCH

Wie komme ich zu dem Händler...	Hur kommer jag till motorcyklenaffären...?
Ich habe eine Panne mit meinem Motorrad	Min motorcykel har gått sönder
Ich habe eine Reifenpanne mit meinem Motorrad	Min motorcykel har punktering
Mein Motorrad springt nicht an	Min motorcykel startar inte alls
Mein Motorrad springt schlecht an	Min motorcykel är svarstartad
Die Vorderrad-/Hinterradbremse funktioniert nicht	Fram/bak broms fungerar inte
Geräusche/Klappern im 1. Getriebe, 2. Motor, 3. Vorderradgabel, 4. Hinterrad-Antrieb	Det är ett konstigt ljud/skramlane ljud i 1. växellådan, 2. motorn, 3. framgaffeln, 4. kardan
Der Zünd-/Kofferschlüssel ist abgebrochen	Tändningsnyckeln/nyckeln till packväskan är avbruten
Er steckt im Zünd-/Lenkungsschloß	Den avbrutna sitter fast i tändnings-/styrlåset
Ich habe die Motorrad-/Kofferschlüssel verloren.	Jag har tappat nycklarna till motorcyklen/ nyckeln till packväskan
Die Nummer meines Kofferschlüssels ist...	Numret på nyckeln til packväskan är...
Wie teuer ist die Reparatur	Vad konner reparationen att i kosta?
Das Motorrad ist nicht mehr fahrtüchtig	Motorcykeln är inte körbar
Können Sie mein Motorrad abschleppen	Kan ni bärga min motorcykel?
Motor/Getriebe/Telegabel/Tank ist undicht	Det är läckage i Motorn/Växellådan/framgaffel/bensintanken

PANNEN-WÖRTERBUCH

Pannenwörterbuch Finnisch

Anlasser	Käynnistinmoofori	**M**utter	Mutteri
Antriebswelle	Kytkinakseli		
Auspuffrohr	Pakoputki	**N**ockenwelle	Nokka-akseli
Benzinleitung	Polttonesteputki	**Ö**lablaßschraube	Öljynpoistoruuvi
Benzinpumpe	Polttonestepumppu	**Ö**lfilter	Öljynsuodatin
Benzinfilter (im Tank)	Polttonestesuodatin (tankissa)	**Ö**lwechsel	Öljynvaihto
Blinklicht	Vilkku	**P**leuel	Kiertokanki
Bremse	Jarrut		
Bremslicht	Jarruvalo	**R**egler	Latausäädin
		Reifen	Rengas
Dichtung	Tiiviste	Reifenpanne	Rengasvika
Drehzahlmesser	Kierroslukumittari	Reifenwechsel	Renkaanvaihto
		Reparatur	Korjaus
Einspritzsteuergerät	Ruiskutusohjaussyksikkö	Rücklicht	Takavalo
		Rückspiegel	Taustapeili
Felge	Vanne		
Fußraste	Jalkatuki	**S**challdämpfer	Äänenvaimennin
Fußschalthebel	Vaihdevipu	Scheinwerfer	Valonheitin
		Schlauch	Letku, sisärengas
Gasgriff	Kaashukava	Schlauchlosreifen	Sisärenkaaton (rengas)
Getriebe	Vaihteisto	Schraube	Ruuvi
		Schwimmer	Uimuri
Hauptständer	Keskiseisontatuki	Soziusfußraste	Takajalkatuki
Hinterrad	Takapyörä	Stoßdämpfer	Iskunvaimennin
Kickstarter	Polkukäynnistin	**T**eleskopgabel	Etuhaarukka
Kolben	Mäntä		
Kraftstofftank	Poltoainetankki	**V**ergaser	Kaasutin
Kühler	Jäähdytin		
Kupplung	Kytkin	**W**erkzeugkasten	Työkalukotelo
Kupplungshebel	Kytkinvipu		
Kurbelwelle	Kampiakseli	**Z**ündkerze	Sytytystulpa
		Zündspule	Sytytyspuola
Lenker	Ohjaustanko	Zündsteuergerät	Sytytyksen ohjausyksikkö
Lichtmaschine	Laturi	Zylinder	Sylinteri
Luftfilter	Ilmansuodatin	Zylinderkopf	Sylinterinkansi

PANNEN-WÖRTERBUCH

Wie komme ich zu dem Händler...	Kuinka pääsen piirimyyjän luokse...
Ich habe eine Panne mit meinem Motorrad	Moottoripyörässäni on vikka
Ich habe eine Reifenpanne mit meinem Motorrad	Moottoripyörässäni on rengasvika
Mein Motorrad springt nicht an	Moottoripyörässäni ei käynnisti
Mein Motorrad springt schlecht an	Moottoripyörässäni toimii huonosti
Die Vorderrad-/Hinterradbremse funktioniert nicht	Etu-/takajarrut eivät toimi
Geräusche/Klappern im 1. Getriebe, 2. Motor, 3. Vorderradgabel, 4. Hinterrad-Antrieb	Epärnormaali ääni 1. vaiteisto kolisee, 2. mootori, 3. etuhaarukka, 4. käyttö
Der Zünd-/Kofferschlüssel ist abgebrochen	Virta-avain/laukunavain on – katkennut
Er steckt im Zünd-/Lenkungsschloß	Se on juuttunut virtalukkoon/ ohjauslukkoon
Ich habe die Motorrad-/Kofferschlüssel verloren.	Olen kadottanut mootooripyörän / laukunavaimen
Die Nummer meines Kofferschlüssels ist...	Laukunavainmeni numero on...
Wie teuer ist die Reparatur	Kuinka kallista korjaaminen on
Das Motorrad ist nicht mehr fahrtüchtig	Moottoripyörä ei ole enää ajolelpoinen
Können Sie mein Motorrad abschleppen	Voisitteko hinata moottoripyörani
Motor/Getriebe/Telegabel/Tank ist undicht	Moottori/ vaihteisto/etuhaarukka vuotaa

PANNEN-WÖRTERBUCH

Pannenwörterbuch Norwegisch

Deutsch	Norwegisch
Anlasser	Selvstarter
Antriebswelle	Drivaksel o. Kardanaksel
Auspuffrohr	Eksosrør
Benzinleitung	Bensinledning
Benzinpumpe	Bensinpumpe (i tanken)
Benzinfilter (im Tank)	Bensinfilter (i tanken)
Blinklicht	Blinklys
Bremse	Bremsen
Bremslicht	Bremselys
Dichtung	Pakning
Drehzahlmesser	Turteller
Einspritzsteuergerät	Styringsenhet for indsprøytningsanlegget
Felge	Felg (pl: Felger)
Fußraste	Fodhviler
Fußschalthebel	Grifelger
Gasgriff	Gashåndtag
Getriebe	Girkasse
Hauptständer	Hovetstativ
Hinterrad	Bakhjul
Kickstarter	Kick-starter
Kolben	Stempel
Kraftstofftank	Bensintank
Kühler	Radiator
Kupplung	Clutch
Kupplungshebel	Clutch-hendel
Kurbelwelle	Veifaksel
Lenker	Styre
Lichtmaschine	Dynamo
Luftfilter	Luftfilter

Deutsch	Norwegisch
Mutter	Mutter
Nockenwelle	Kamaksel
Ölablaßschraube	Oljeavtapnins-plugg
Ölfilter	Oljefilter
Ölwechsel	Oljeskift
Pleuel	Råde
Regler	Regulator
Reifen	Dekk
Reifenpanne	Dekkhavari
Reifenwechsel	Dekkstkife
Reparatur	Reparasjon
Rücklicht	Baklys
Rückspiegel	Sidespeil
Schalldämpfer	Eksospotte
Scheinwerfer	Frontlykt
Schlauch	Slange
Schlauchlosreifen	Slangeløst dekk
Schraube	Skrue
Schwimmer	Flottør
Soziusfußraste	Fothviler for passasje
Stoßdämpfer	Støtdemper
Teleskopgabel	Teleskopgaffel
Vergaser	Forgasser
Werkzeugkasten	Verktøykasse
Zündkerze	Tennplugg
Zündspule	Coil
Zündsteuergerät	Zündsteuergerät???
Zylinder	Sylinder
Zylinderkopf	Sylindertopp

PANNEN-WÖRTERBUCH

Wie komme ich zu dem Händler...	Hvordan kommer jeg til forhandler
Ich habe eine Panne mit meinem Motorrad	Jeg har hatt et uhell med motorscykkelen min
Ich habe eine Reifenpanne mit meinem Motorrad	Jeg har punkteret med min motorcykel
Mein Motorrad springt nicht an	Min motorcyke vil ikke starte
Mein Motorrad springt schlecht an	Min motorcyke starter därligt
Die Vorderrad-/Hinterradbremse funktioniert nicht	Forhjuls-/bakhjulsbremsen virker ikke
Geräusche/Klappern im 1. Getriebe, 2. Motor, 3. Vorderradgabel, 4. Hinterrad-Antrieb	Ulyd/klapring i 1. girkasse, 2. motor,3. forgaffel, 4. kardang
Der Zünd-/Kofferschlüssel ist abgebrochen	Tennings-/kuffertnøkkel er brukket
Er steckt im Zünd-/Lenkungsschloß	Den sitter fast i tenningsn/Styrelåsen
Ich habe die Motorrad-/Kofferschlüssel verloren.	Jeg har mistet nøkkelen til motorsykkelen/ kufferten
Die Nummer meines Kofferschlüssels ist . . .	Nummeret på kuffertnøkkelen min er . . .
Wie teuer ist die Reparatur	Hva koster reparajonen?
Das Motorrad ist nicht mehr fahrtüchtig	Motorsykkelen er ikke kjørbar mer
Können Sie mein Motorrad abschleppen	Kan de sleppe motorsykkelen min?
Motor/Getriebe/Telegabel/Tank ist undicht	Motor/girkasse/teleskopgaffel/tank er utett

PANNEN-WÖRTERBUCH

Pannenwörterbuch Dänisch

Anlasser	Starter	**M**utter	Møtrik
Antriebswelle	Kardanaksel		
Auspuffrohr	Usstødningsrør	**N**ockenwelle	Knastaksel
Benzinleitung	Benzinslange	**Ö**lablaßschraube	Olieaftapninsprop
Benzinpumpe	Benzinpumpe	**Ö**lfilter	Oliefilter
Benzinfilter (im Tank)	Benzinfilter (i Tank)	**Ö**lwechsel	Olieskift
Blinklicht	Blinklys		
Bremse	Bremse	**P**leuel	Plejlstang
Bremslicht	Stoplys		
		Regler	Regulator
Dichtung	Pakning	Reifen	Dæk
Drehzahlmesser	Omdrejningstæller	Reifenpanne	Punktering
		Reifenwechsel	Dækskifte
Einspritzsteuergerät	Styreenhed for	Reparatur	Reparation
	indsprøjtning	Rücklicht	Baglys
		Rückspiegel	Sejl
Felge	Fælge		
Fußraste	Fodhviler	**S**challdämpfer	Lyddæmper
Fußschalthebel	Gearskiftpedal	Scheinwerfer	Forlygte
		Schlauch	Slange
Gasgriff	Gashåndtag	Schlauchlosreifen	Slangeløst dæk
Getriebe	Gearkasse	Schraube	Skrue
		Schwimmer	Svømmer
Hauptständer	Hovedstøtteben	Soziusfußraste	Passagerfodhviler
Hinterrad	Baghjul	Stoßdämpfer	Støddamper
Kickstarter	Kickstarter	**T**eleskopgabel	Teleskopgaffel
Kolben	Stempel		
Kraftstofftank	Benzintank	**V**ergaser	Karburator
Kühler	Køler		
Kupplung	Kobling	**W**erkzeugkasten	Værktøjskasse
Kupplungshebel	Koblingsarm		
Kurbelwelle	Krumtap	**Z**ündkerze	Tændrør
		Zündspule	Tændspole
Lenker	Styr	Zündsteuergerät	Tændingscomputer
Lichtmaschine	Generator	Zylinder	Cylinder
Luftfilter	Luftfilter	Zylinderkopf	Topstykke

PANNEN-WÖRTERBUCH

Wie komme ich zu dem Händler...	Hvordan kommer jeg til forhandleren
Ich habe eine Panne mit meinem Motorrad	Jeg har et problem med min motocykel
Ich habe eine Reifenpanne mit meinem Motorrad	Jeg er punkteret med min motorcykel
Mein Motorrad springt nicht an	Min motorcyke vil ikke starte
Mein Motorrad springt schlecht an	Min motorcyke starter därligt
Die Vorderrad-/Hinterradbremse funktioniert nicht	For-/baghjulsbremsen virker ikke
Geräusche/Klappern im 1. Getriebe, 2. Motor, 3. Vorderradgabel, 4. Hinterrad-Antrieb	Støj/klapren i 1. gearkasse, 2. motor,3. forgaffel, 4. træk til baghjul
Der Zünd-/Kofferschlüssel ist abgebrochen	Tændingsnøglen/kuffertnøglen er knækkt
Er steckt im Zünd-/Lenkungsschloß	Den sidder fast i tændingslåsen/kuffertlåsen
Ich habe die Motorrad-/Kofferschlüssel verloren.	Jeg har mistet tændingsnøglen/kuffertnøglen
Die Nummer meines Kofferschlüssels ist . . .	Min kuffertnøgle har nummer. . .
Wie teuer ist die Reparatur	Hvad koster reparation
Das Motorrad ist nicht mehr fahrtüchtig	Motocyklen kan ikke køre mere
Können Sie mein Motorrad abschleppen	Kan de transporte min motorcykle
Motor/Getriebe/Telegabel/Tank ist undicht	Motor/gearkasse/forgaffel/Tank er utæt

Wir danken BMW für die Bereitstellung der Pannenwörterbücher

GANZ SCHÖN UNTERWEGS

EDITION UNTERWEGS

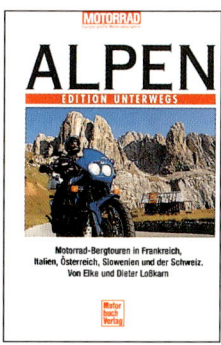

Elke und Dieter Loßkarn
ALPEN
Neun der schönsten Berg-
strecken in Frankreich, Italien, Österreich, Slowenien
und in der Schweiz – ausge-
wählt speziell für Biker.
216 Seiten, 142 Farb-Abb.,
10 Farb-Karten, broschiert
DM/sFr 29,80 / öS 233,–
Bestell-Nr. 01592

Daams/Rüskamp/Böckmann
DEUTSCHLAND – Band 1
Acht reizvolle Motorrad-
Touren im nördlichen Teil
Deutschlands, zwischen Rhön
und Ostfriesland, zwischen
Niederrhein und Brocken.
192 Seiten, 150 Farb-
Abbildungen, broschiert
DM/sFr 29,80 / öS 233,–
Bestell-Nr. 01561

Elke und Dieter Loßkarn
DEUTSCHLAND – Band 2
Auf einsamen Strecken
durch Süddeutschland, von
Mainfranken bis Oberbayern,
im Steiger-, Odenwald, Spes-
sart, Schwarzwald, Donautal.
192 Seiten, 130 Farb-Abb.,
8 Karten, broschiert
DM/sFr 29,80 / öS 233,–
Bestell-Nr. 01593

Daams/Rüskamp/Böckmann
ITALIEN
Acht der schönsten Routen
zwischen den italienischen
Alpen und Sizilien – Cinque
Terre, Ligurische Alpen,
Abruzzen, Toscana, Sardinien.
216 Seiten, 150 Farb-
Abbildungen, broschiert
DM/sFr 29,80 / öS 233,–
Bestell-Nr. 01508

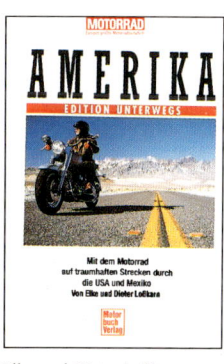

Elke und Dieter Loßkarn
AMERIKA
Mit dem Motorrad auf sieben
traumhaften Strecken durch
den Mittelwesten, durch Flori-
da, Texas, Kalifornien und
Mexiko – mit vielen Infos.
232 Seiten, 192 Abbildungen,
183 farbig, broschiert
DM/sFr 29,80 / öS 233,–
Bestell-Nr. 01472

Mathias Sedlarz
Angenehme Ruhe (1993/94)
Motorradfreundlich Übernachten in Deutschland, Österreich, in der Schweiz und
Nord-Italien: Der Führer zu
über 300 Hotels, Gaststätten
und Pensionen für Biker.
144 Seiten, 8 Abb., brosch.
DM/sFr 14,80 / öS 116,–
Bestell-Nr. 01564

Der Verlag für Motorrad-Bücher
Postfach 103743 · 70032 Stuttgart

Änderungen vorbehalten

FASZINIERENDE MOTORRADWELT

Holen Sie sich die Faszination nach Hause! Rasante Reportagen und traumhafte Touren, Tests, Tips und Technik – in MOTORRAD, Europas größter Motorradzeitschrift.

Alle 14 Tage neu am Kiosk.